Neumanns Ratschläge   Naturschutz im Garten

NEUMANNS RATSCHLÄGE

NATURSCHUTZ IM GARTEN

Mechthild Bläute
Friedrich-Karl Schembecker

mit 222 Zeichnungen von Lutz-E. Müller
und 24 Farbfotos

Neumann
Verlag
Radebeul

Die Deutsche Bibliothek – CIP-Einheitsaufnahme

Naturschutz im Garten / Bläute / Schembecker. Mit 222 Zeichn.
von Lutz-E. Müller – Radebeul : Neumann, 1994
    (Neumanns Ratschläge)
    ISBN 3–7402–0146–0
NE: Bläute, Mechthild; Schembecker, Friedrich-Karl; Müller, Lutz-Erich

© 1994 Neumann Verlag GmbH
Maxim-Gorki-Straße 18, 01445 Radebeul
Printed in Germany
Lektorat: Carola Fischer
Einbandgestaltung: Tinka Schlotterer, München
Gestaltung: Heide Siegemund
Satz und Reproduktionen: Typostudio SchumacherGebler Dresden
Druck und Verarbeitung: INTERDRUCK Leipzig GmbH

Inhalt

Warum Naturschutz im Garten?

Viele heimische Tier- und Pflanzenarten sind inzwischen entweder bereits ausgestorben, vom Aussterben bedroht oder in ihrem Bestand stark gefährdet. Dieser erschreckende Artentod, dokumentiert in den Roten Listen, ist auf die in den letzten Jahrzehnten immer intensiver gewordene Nutzung der natürlichen Ressourcen wie Wasser, Luft und Boden, aber auch auf die Zerstörung und Beeinträchtigung der natürlichen Lebensräume der Tier- und Pflanzenwelt durch den Menschen zurückzuführen.

Auch in unseren Gärten hat sich eine entsprechende Entwicklung vollzogen. Hier hielten sorgfältig gepflegte Rasenflächen und meist exotische Gehölze ihren Einzug. Viele dieser Gartenpflanzen sind für unsere heimischen Tiere aber kaum als Nahrungsquelle und Brutplatz attraktiv. In jüngster Vergangenheit häufen sich vermehrt Stimmen, diesem Prozeß entgegenzuwirken. Besonders im eigenen Garten bestehen viele Möglichkeiten, etwas zum Schutze unserer Natur zu tun. Hier können Refugien und Lebensräume für die heimischen Tiere und Pflanzen geschaffen werden. Dennoch darf man auf keinen Fall erwarten, daß durch die Schaffung von Biotopen im Garten die Schäden in der freien Landschaft ausgeglichen werden können. Aber es ist ein sinnvoller Anfang. Jeder einzelne von uns ist also aufgefordert, sich dieser Aufgabe zu stellen und seinen ganz persönlichen Beitrag zu leisten. Nirgendwo sonst wird ein geändertes, naturgerechtes Verhalten schneller von Erfolg gekrönt sein als im eigenen Garten.

Warum Naturschutz im Garten?

Gärten – gestern, heute und morgen

Früher waren Gärten primär Nutzgärten

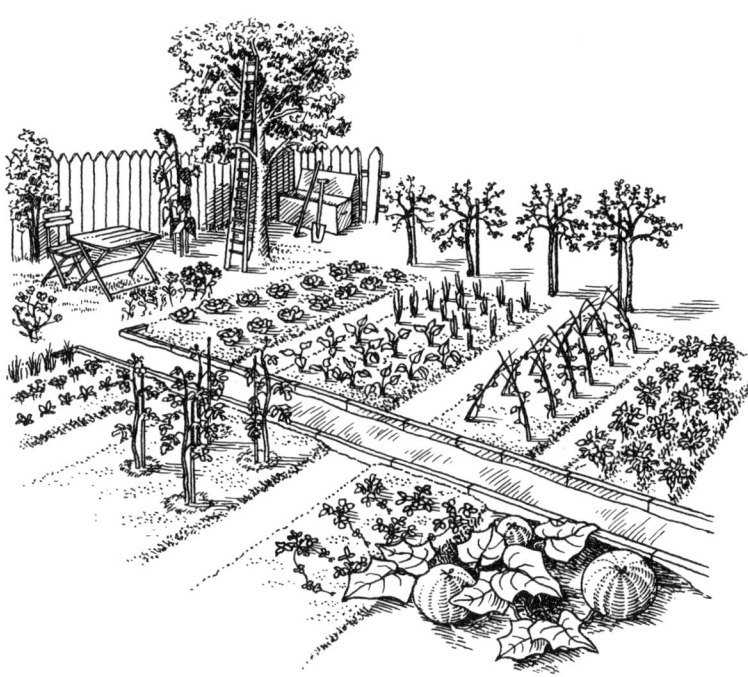

Nutzgarten

»Koniferengärten«

Noch vor wenigen Jahrzehnten war der Garten ein reiner Nutzgarten, in dem die Menschen hauptsächlich Obst und Gemüse für die eigene Versorgung anbauten. Nur ein kleines Eckchen, ausgestattet mit Bank und Tisch und umgeben von Stauden und Sommerblumen, war der Erholung von der anstrengenden Gartenarbeit vorbehalten.

Im Laufe der Zeit entfiel jedoch für viele Gartenbesitzer die Notwendigkeit, Obst und Gemüse zur Verbesserung der eigenen Lebensbedingungen selbst anzubauen. Das Angebot an Gartenfrüchten in den Geschäften war jetzt nicht nur umfangreich, sondern auch die Preise für die Produkte waren durchaus erschwinglich. Immer mehr Menschen verzichteten nun darauf, weiter Obst und Gemüse zu kultivieren. Aus vielen Nutzgärten entwickelten sich deshalb reine Zier- und Erholungsgärten.

Bei der Umgestaltung ihrer Gärten legten die meisten Hobbygärtner große, monotone Rasenflächen an, auf denen weder Löwenzahn und Klee, noch Marienblümchen wachsen dürfen. Um den Rasen herum wurden vielfach standortfremde Gehölze gruppiert. Bei der Wahl der Gehölze fiel die Entscheidung zugunsten solcher Arten aus, die weder dem Menschen Nahrung bieten, noch die heimische Tierwelt einladen, hier zu verweilen. Koniferen, in Reih und Glied an die Grund-

8

stücksgrenze gepflanzt, prägten lange Zeit das Gesicht der deutschen Gartenlandschaft.

Alle sogenannten »Unkräuter«, wie beispielsweise Brennesseln, wurden und werden auch heute noch häufig aus dem Garten verbannt, womit natürlich auch viele Tiere, z. B. Schmetterlinge, die auf diese Pflanzen als Nahrungsgrundlage angewiesen sind, ebenso aus dem Garten verschwinden.

Erst in jüngster Zeit ist man zu der Einsicht gekommen, daß es nicht richtig sein kann, wenn ein Garten nur durch den Eingriff mit künstlichen Mitteln, wie beispielsweise synthetischen Mineraldüngern und Pestiziden am Leben gehalten werden kann. Immer mehr wird deshalb versucht, die aus dem Garten verdrängte Natur wieder hierher zurückzuholen. Dabei wird das Ziel verfolgt, ein funktionierendes ökologisches Gleichgewicht aufzubauen. Das bedeutet, man versucht im Garten Bedingungen herzustellen, bei denen sich zwischen »schädlichen« und »nützlichen« Lebewesen ein natürliches Gleichgewicht aufbaut und bei denen ohne äußere künstliche Eingriffe des Menschen ein geregeltes Wachstum abläuft.

»Unkräuter« sind meist unerwünscht

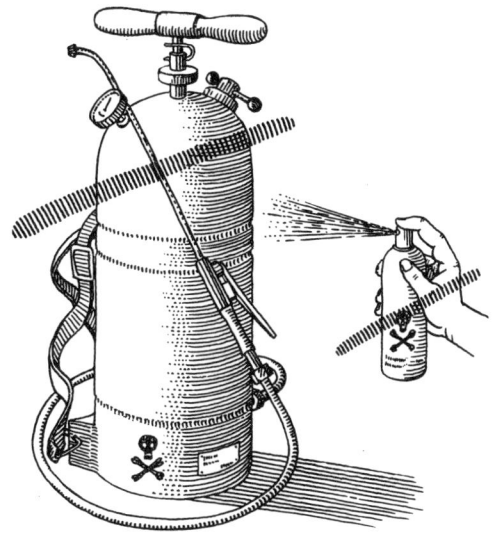

Hat sich im Garten ein stabiles ökologisches Gleichgewicht zwischen »Schädlingen« und »Nützlingen« aufgebaut, werden Pestizide überflüssig

Was ist ein naturnaher Garten?

Gärten sind so unterschiedlich wie die Menschen, die sie nutzen, pflegen und

Warum Naturschutz im Garten?

Naturgarten

Patentrezepte für den Naturgarten gibt es nicht!

Grundsätze zum naturnahen Garten

Wichtig sind die naturgemäße Bodenpflege und -düngung sowie...

...der vorbeugende biologische Pflanzenschutz

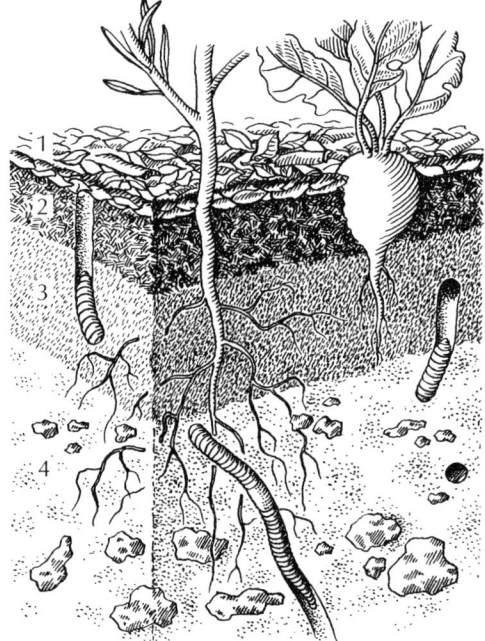

Bodenprofil
1 = Mulchschicht,   2 = Rotteschicht
3 = Humusschicht,   4 = Mineralschicht

bewirtschaften. Deshalb gibt es kein Patentrezept, wie ein naturnaher Garten gestaltet werden soll. Vielmehr gilt es, bestimmte Grundsätze im Garten einzuhalten und zu beachten, die die Gesetze der Natur fördern und unterstützen. Auf der anderen Seite sind aber auch die Nutzungswünsche der Menschen, die in dem Garten leben, zu berücksichtigen.

Unter einem naturnahen Garten ist also ein Garten zu verstehen, in dem sich der Mensch an den Regeln der Natur orientiert, sie jedoch nicht zügellos und unkontrolliert walten läßt. Einen solchen Garten kann man auch als Naturgarten bezeichnen.

Im Naturgarten kommt der Erhaltung und der Pflege des Gartenbodens eine zentrale Stellung zu. Der Boden ist ein komplexer Lebensraum einer vielfältigen Flora und Fauna. Er bietet Wild- und Kulturpflanzen Halt und liefert das Wasser und die Nährstoffe, ohne die kein pflanzliches Leben möglich wäre. Daher zielt jede Bodenbearbeitung auf die Erhaltung und Verbesserung der natürlichen Bodenfruchtbarkeit ab. Für die natürliche Düngung des Bodens ist die Kompostwirtschaft von entscheidender Bedeutung.

Weiterhin ist nur der biologische Pflanzenschutz erlaubt, wobei das Hauptgewicht auf vorbeugenden Maßnahmen wie der Förderung von Nützlingen, dem Fruchtwechsel und dem Anbau in Mischkultur liegt. Nur im Notfall greift man auf biologische

10

Pflanzenschutzmittel zurück. Die Anwendung von Pestiziden muß gänzlich unterbleiben. Sollte es dennoch einmal zur Massenvermehrung von Schädlingen oder zum Ausbruch einer Krankheit kommen, bringt das möglicherweise Ernteverluste mit sich, die man am besten gelassen hinnimmt. Sie sind Indiz für einen Anbaufehler oder weisen auf die Isolation des Naturgartens hin. Ist dieser beispielsweise nur von konventionellen, naturfern bearbeiteten Gärten umgeben, können belastende Einflüsse von außen das ökologische Gleichgewicht im eigenen Garten erheblich stören.

Entsprechend den Standortverhältnissen und der jeweiligen Nutzung gehören zu einem naturnahen Garten möglichst viele heimische Wildpflanzen. Denn nur mit ihnen wird sich eine artenreiche Tierwelt im Garten einfinden und dauerhaft ansiedeln lassen. In wenig oder gar nicht genutzten Gartenbereichen sollte man auch spontan auftretende Wildkräuter, die hier nicht wie im Gemüsebeet als »Unkräuter« beseitigt werden müssen, dulden oder sogar gezielt ansiedeln. Diese Pflanzen dienen nämlich vielen Tieren als Lebensgrundlage. Außerdem kann man den Auszug vieler Wildkräuter als biologisches Pflanzenschutzmittel nutzen. Ein Naturgarten ist weiterhin ein Lebensraum für heimische Wildgehölze und -stauden und ebenso für unsere alten Kultur- und Gartenpflanzen, die vielerorts schon in Vergessenheit

Wildkräuterecke

Keine artenreiche Tierwelt ohne heimische Wildpflanzen

Wildkräuter sind fast überall zu dulden!

Auch alte Kulturpflanzen gehören in einen Naturgarten

11

Warum Naturschutz im Garten?

geraten sind. Denn auch Obstgehölze, Beerensträucher, Küchenkräuter und Sommerblumen sind, wie die Wildpflanzen, Lebensgrundlage für viele heimische Tierarten.

Eine zusätzliche Bereicherung erfährt der naturnahe Garten durch die gezielte Anlage von unterschiedlichen Biotopen (Lebensräumen), die von einer Vielzahl von Pflanzen und Tieren besiedelt werden. Bei der Entscheidung, welches Biotop angelegt werden soll, z. B. ob Teich, Trockenmauer, Steingarten oder Totholzhaufen, müssen immer die jeweilige Gartengröße und die Lage des Gartens, aber auch die Nutzungsinteressen der Gartenbesitzer berücksichtigt werden.

Eine unüberlegte Aneinanderreihung von künstlich geschaffenen Lebensbereichen wird sicherlich nicht den gewünschten Erfolg haben. Denn die Besiedlung dieser Biotope von Tieren und Pflanzen ist immer von dem Artenspektrum abhängig, das in der näheren Umgebung des Gartens vorkommt und von hier aus in den Garten einwandern kann. Eine dauerhafte, vielfältige Lebensgemeinschaft entwickelt sich natürlich erst im Laufe der Zeit.

Wenn sich eine solche Lebensgemeinschaft etabliert hat, sorgt sie für eine hohe biologische Stabilität, d. h. zwischen allen Pflanzen und Tieren entsteht ein Gleichgewicht von Angebot und Nachfrage, welches sich in einem vielmaschigen Nahrungsnetz widerspiegelt.

Wichtig ist die richtige Biotopauswahl für den Garten

Lebensraum Trockenmauer

Die Besiedlung von Biotopen erfolgt aus der näheren Umgebung des Gartens

Bei allen Bemühungen, im Naturgarten abwechslungsreiche Lebensräume für die heimische Tier- und Pflanzenwelt zu schaffen, darf man nie erwarten, daß der Garten jemals das Artenspektrum eines Naturschutzgebietes beherbergen kann. Denn gerade ein naturnah angelegter Garten unterliegt auch vielfältigen intensiven Nutzungen — er ist Aktionsraum für die ganze Familie.

Ein Naturgarten ist kein Naturschutzgebiet

Ressourcen sparen

»Naturschutz im Garten« wäre keine runde Sache ohne das Bemühen, mit Wasser und Energie sparsam und pfleglich umzugehen. Durch die naturnahe Gestaltung und naturgemäße Bewirtschaftung sowie weitere naturgerechte Maßnahmen lassen sich im Garten erhebliche Ressourcen einsparen:

— Allein durch eine standortgerechte Pflanzenauswahl kann auch im Sommer meistens auf eine zusätzliche Bewässerung verzichtet werden.

— Bei konsequenter Bodenbedekkung mit Stauden, einer Laub- oder Mulchschicht wird das vorzeitige Austrocknen des Bodens verhindert — es muß weniger gewässert werden.

— Im Gemüsegarten kann dagegen trotz Mulchschicht auf zusätzliche Wassergaben nicht verzichtet werden. Hier empfiehlt sich, möglichst mit Regenwasser zu wässern, das in

Konsequentes Mulchen

Regenwasser sammeln und Kompostierung

13

Warum Naturschutz im Garten?

Im Garten lassen sich Ressourcen sparen durch:
- **standortgerechte Pflanzenauswahl**
- **konsequente Bodenbedeckung**
- **Regenwasser sammeln**
- **Kompostierung**
- **Verzicht auf chemische Spritzmittel**
- **Nutzung von Solarenergiepumpen**

Sonnenenergienutzung

einer Tonne oder Zisterne gesammelt wird. Nur bei außerordentlicher Trockenheit muß man dann auf das kostbare Trinkwasser zurückgreifen.

— Durch Kompostierung werden die im Pflanzenmaterial gebundenen Nährstoffe dem Stoffkreislauf des Gartens wieder zugeführt und stehen so als wertvolle Dünger zur Verfügung. Diese Dünger verursachen im Unterschied zu den synthetischen Düngemitteln keinen Energieverbrauch.

— Auch die Herstellung biologischer Pflanzenschutzmittel ist im Gegensatz zu den chemischen Spritzmitteln ohne Energie möglich.

— Im Naturgarten wird auch der motorisierte, energieverbrauchende Rasenmäher überflüssig, denn die große monotone Rasenfläche ist längst einer Wiese oder anderen belebenden Gartenelementen gewichen. Der verbleibende Rest Blumenrasen ist genauso gut mit einem altbewährten Handrasenmäher zu bewältigen.

— Schließlich können elektrische Pumpen, z. B. für den Wasserfall oder Bach am Gartenteich, mit Solarenergie betrieben werden. Der Handel bietet mittlerweile viele verschiedene Modelle an.

Lernen mit und von der Natur

»Naturschutz im Garten« hat nicht nur das Ziel, unsere Gärten im Einklang mit dem Naturhaushalt zu gestalten, sondern verfolgt gleichzeitig die Absicht, unsere innere Einstellung im Hinblick auf ein verändertes Naturverständnis zu beeinflussen. Der Naturgarten macht das Erleben und Beobachten von Tieren und Pflanzen im Rhythmus der Jahreszeiten erst möglich. Er weckt unsere Sinne und Empfindungen für die natürlichen Zusammenhänge in einem Ökosystem. Ein Ökosystem wird durch das Zusammenwirken von Biotopen (Lebensräumen) und Biozönosen (Lebensgemeinschaften von Tieren und Pflanzen) gebildet. Der Naturgarten schafft somit Raum für eine neue Wahrnehmung unserer belebten und unbelebten Umwelt, die wir Natur nennen. Naturbegegnung fördert Naturverständnis und erbringt deshalb die Voraussetzung für einen pflegerischen Umgang mit der Tier- und Pflanzenwelt – auch außerhalb unserer Gärten. Denn Kenntnis, Begeisterung und Achtung sind wohl die wichtigsten Motive, um Naturschutz zu praktizieren.

Dieser Aspekt des naturnahen Gartens ist für unsere Kinder von ganz besonderer Bedeutung. Hier, zwischen Ameisenbau und Spinnennetz, sind die Erlebnis- und Lernmöglichkeiten noch grenzenlos. Hier, zwischen Kletterbäumen und Gartenteich, ist Platz für Abenteuer und Entdeckungen,

Ökosystem »Garten«

Naturverständnis durch Naturschutz im Garten

Ökosystem

Naturbegegnung fördert Naturverständnis

Man schützt nur das, was man kennt

Abenteuerspielplatz Naturgarten – spielerisch Natur erleben und begreifen

Warum Naturschutz im Garten

Naturschutz im Garten wirkt als Multiplikator

weitab von Video- und Computerwelt, von Gewalt und Kriminalität. Naturnahe Gartengestaltung ist Freiraum für eine phantasievolle, sinnvolle und gestalterische Entwicklung unserer Kinder und vermittelt so ganz spielerisch ein gesundes Verständnis für die Natur und ihre Kreisläufe.

»Naturschutz im Garten« verfolgt aber noch einen weiteren Gesichtspunkt. Denn ein Naturgarten wirkt über seine Grenzen hinaus und präsentiert jedem Betrachter ein vielfältiges, lebendiges Abbild intakter Natur. Es ist ein reales Argument für praktizierten Naturschutz und angesichts dieser Tatsache wird er zwangsläufig seine Wirkung haben. Er provoziert ein Streitgespräch über das Für und Wider biologischen Gärtnerns und naturnaher Gartengestaltung, hilft Vorurteile über den »Wildgarten« abzubauen und wird sicherlich auch andere Menschen animieren, ihren Garten wieder für die heimische Flora und Fauna zu öffnen.

▷ In solchem naturnahen Garten fühlen sich Menschen und Tiere gleichermaßen wohl

Die wichtigsten Kleinsäuger im Garten

Neben der großen Palette von Insektenarten, die im Naturgarten für ein ausgewogenes Verhältnis zwischen sogenannten Nützlingen und Schädlingen sorgen, gibt es auch einige Kleinsäuger, die dem Gärtner bei der Reduzierung von Schädlingen zur Seite stehen. Dazu gehören z. B. der allseits beliebte Igel, aber auch der weniger geachtete Maulwurf. Ganz emsige Insektenjäger sind zudem die selten gewordenen Fledermäuse und die winzigen Spitzmäuse, die man aufgrund ihrer nächtlichen Lebensweise selten zu Gesicht bekommt. Gleiches gilt auch für die Familie der Bilche, besser bekannt unter dem Namen Garten- und Siebenschläfer. Diese hübschen Tiere, zu deren Familie auch die zierliche Haselmaus gehört, sind weder ausgesprochene Nützlinge noch Schädlinge im Garten, verdienen aber genauso wie Igel, Maulwurf, Fledermaus und Spitzmaus unseren absoluten Schutz. Denn sie alle sind selten geworden und drohen, wenn nicht geeignete Gegenmaßnahmen ergriffen werden, ganz aus unseren Landschaften zu verschwinden.

Neben einem umfänglichen Naturschutz, der den Erhalt ihrer Lebensräume und ihrer Nahrungsgrundlage zum Ziel hat, kann auch jeder Gartenbesitzer sein Gartenreich so gestalten, daß es zu einem neuen Refugium für eine oder sogar mehrere dieser Kleinsäugetierarten werden kann.

◁ Der Igel bewohnt als willkommener Schädlingsjäger ein »eigenes Gartenhäuschen«

Die wichtigsten Kleinsäuger im Garten

Igel (*Erinaceus europaeus*)

**Hauptnahrung
des Igels
sind Insekten**

**Keine Milch
für den Igel!**

Igel

Kein anderes nachtaktives Säugetier streift bei seiner nächtlichen Futtersuche so geräuschvoll durch unsere Gärten wie der Igel (*Erinaceus europaeus*). Da er kaum natürliche Feinde hat, läßt er sich bei der Suche nach Schnecken, Würmern, Engerlingen — seiner Hauptnahrung — nicht einmal von ihn beobachtenden Menschen stören. Neben Insekten frißt er aber auch gelegentlich Frösche, Jungvögel und Eier, plündert ab und an Mäusenester und verschmäht auch reifes Obst nicht, das er im Herbst reichlich in unseren Gärten findet. Da der Igel ein Wildtier ist, das sich selbst ausreichend mit Nahrung versorgen kann, sollte man ihn auch nicht zusätzlich mit Essensresten oder Milch füttern. Durch diese Nahrung bekommt er Verdauungsstörungen, die häufig tödlich enden.

Igel haben große Reviere, in einer Nacht legen sie bis zu fünf Kilometer zurück. Damit der Igel auch jederzeit in und aus dem Garten laufen kann, sollten Zäune erst 10 cm oberhalb des Bodens beginnen oder an mehreren Stellen Schlupflöcher aufweisen. Am besten gestaltet man die Grundstücksgrenze zum Nachbarn oder zur Straße mit geschnittenen, wenn genügend Platz vorhanden ist, mit freiwachsenden Hecken. Hier kann das beliebte Stacheltier nicht nur ungehindert ein- und auslaufen, eine Wildhecke aus heimischen Sträuchern bietet auch ideale Versteckmöglichkeiten und ein reichhaltiges Nahrungsangebot.

Bei ihren ausgedehnten Nachtwanderungen müssen Igel zwangsläufig vielerorts ein engmaschiges Straßennetz durchqueren und finden dabei sehr häufig den Tod. Ein heranbrausendes Auto — mit grellen Scheinwerfern — bedeutet Gefahr. Instinktiv rollt sich der Igel zusammen. Seine sonst so wirkungsvolle Verteidigungshaltung wird nun zur Falle. Er wird angefahren oder überrollt. Halten Sie an, wenn Sie ein zusammengerolltes, verängstigtes Tier noch rechtzeitig erblicken, und legen Sie es in Laufrichtung ins angrenzende Gebüsch oder Gras. Auf diese Weise wurde schon so manchem Igel das Leben gerettet.

Ab Anfang November, wenn die Temperatur auf 10 °C sinkt, sucht sich der Igel ein geeignetes Quartier, wo er vier bis fünf Monate Winterschlaf hält. Gerne richtet er sein ausgepolstertes Nest unter einem alten Holzstapel, Laub- oder Reisighaufen, aber auch im Komposthaufen ein. Gartenarbeiten, wie das Umsetzen des Kompostes, Häckseln von Reisig oder die Beseitigung von alten Holzstapeln sollten deshalb im Oktober oder April erledigt werden. Lassen sich die Arbeiten nicht verschieben, so werden die Haufen vorsichtig abgetragen, um nicht versehentlich ein Tier mit der Grabgabel aufzuspießen.

Des Igels Verteidigungshaltung wird zur Todesfalle

Nicht nur der Komposthaufen dient als Winterschlafquartier

Jan.	Febr.	März	April	Mai	Juni	Juli	Aug.	Sept.	Okt.	Nov.	Dez.
Winterschlaf										Winterschlaf	

Die wichtigsten Kleinsäuger im Garten

In der Regel wirft das Igelweibchen im Juni oder Juli nach 33 Tagen Tragezeit zwei bis sechs Junge, von denen meistens nur zwei bis drei überleben. Ab und an findet man junge Igel aus einem zweiten Wurf, die erst im Spätsommer geboren wurden. Sie sind noch zu klein, um die kalte Jahreszeit zu überstehen.

Wiegen Jungtiere Ende Oktober noch unter ca. 400 g, so sollte man sich ihrer annehmen und sie durch den Winter füttern. Falls Sie das Tier nicht selber aufnehmen können oder detaillierte Informationen zur Ernährung und Pflege dieser »Leichtgewichte« benötigen, wenden Sie sich am besten an den örtlichen Tier- oder Naturschutzverein. Unsachgemäße Fütterung und Haltung überleben die anfälligen Jungtiere oft nicht.

Damit auch die wohlgenährten Artgenossen gut durch den Winter kommen, kann man dem stacheligen Gast auch eine angenehme Behausung bauen. Geeignet sind alte Natur- oder Mauersteine, die auf einer Grundfläche von 30 cm x 30 cm hoch aufgeschichtet und mit einer Gehwegplatte abgedeckt werden. Das Einschlupfloch ist 10 cm breit, ebenso hoch und wird durch Zweige, einen Strauch oder hohes Gras gut getarnt. Zur Isolierung gegen eindringende Feuchtigkeit und Nässe wird die Igelhöhle noch mit Dachpappe abgedeckt. Zuguterletzt bedeckt man das Igelnest mit Laub oder Grassoden; das isoliert zusätzlich

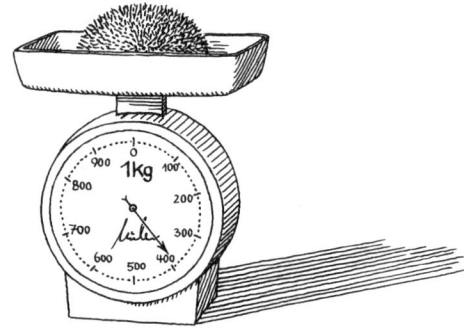

Igeljunge unter 400 g Körpergewicht sind nicht überlebensfähig – sie brauchen Hilfe

Tier- und Naturschutzvereine geben fachkundigen Rat zur Igelpflege

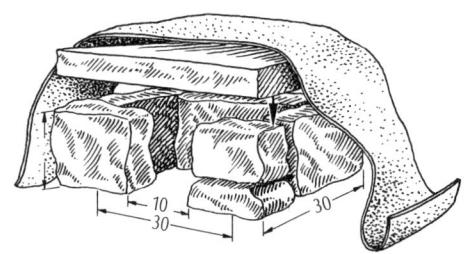

Ein selbstgebautes Igelhaus aus Natursteinen

und bettet das Häuschen natürlich in den Garten ein. Aber auch ohne solch ein Igelhaus läßt sich der Garten so gestalten, daß er gerne vom Igel als Lebensraum angenommen wird. Möglichst viel Wildwuchs in ungenützten Gartenecken bietet dem Igel eine reichhaltige Nahrungspalette, zudem aber auch gute Versteckmöglichkeiten. Der herbstliche Baum- und Strauchschnitt dient, als Reisighaufen aufgeschichtet, nicht nur den Igeln als Unterschlupf. Gifteinsätze jeglicher Art unterbleiben und das Herbstlaub unter den Bäumen und Büschen wird nicht mehr entfernt. Das sind die besten Voraussetzungen, um Gäste in den Garten zu locken.

Igelhaus (Maßangaben in cm)

Der Igel fühlt sich in naturnahen Gärten am wohlsten

Maulwurf

Kaum ein Gärtner ist erfreut, wenn sich in seinem Garten, auf dem Rasen oder im Gemüsebeet, frisch aufgeworfene Maulwurfshügel zeigen.

Störende Haufen ebnet man am besten mit einem Rechen ein oder sammelt die frische Erde im Herbst und Winter ein. Denn diese Erde ist eine ausgezeichnete Anzuchterde für Jungpflanzen, da der Maulwurf (*Talpa europaea*) sie aus einer Tiefe an die Oberfläche heraufbefördert, in der es kaum noch Krankheitserreger gibt. Die gesammelte Erde sollte frostfrei in einer abgedeckten Kiste bis zum nächsten Jahr aufbewahrt werden.

Die Hügel dienen der Belüftung und

Der Maulwurf verhilft zu guter, keimfreier Anzuchterde

23

Die wichtigsten Kleinsäuger im Garten

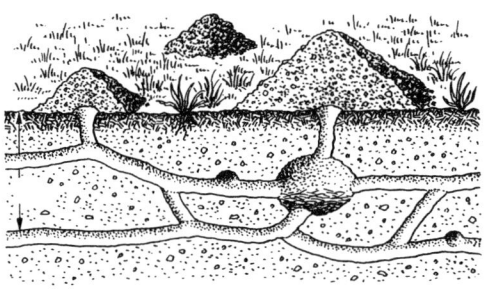

Gangsystem des Maulwurfs

Feinste Gehör- und Tastsinne machen den den Maulwurf zu einem erfolgreichen Insektenjäger

Maulwurf (*Talpa europaea*)

Engerlinge und Regenwürmer als Wintervorrat

Der Maulwurf ist – bis auf die Paarungszeit – ein Einzelgänger

als »Halde« für überschüssige Erde des weitläufigen Gangsystems, das Maulwürfe alle drei bis vier Stunden auf Nahrungssuche durchstreifen.

Ihre Beutetiere finden sie mit ihrem feinen Gehör und dem ausgeprägten Tast- und Erschütterungssinn. Mit dem können sie sogar Beutetiere oberhalb des Erdreichs erspüren. Die Jagd ist meistens erfolgreich, weil sich Maulwürfe sehr schnell zu ihrer Beute vorgraben können. Maulwürfe sind zwar nicht, wie der Volksmund behauptet, blind, aber sie sehen sehr schlecht.

Obwohl der Maulwurf einen nahezu unstillbaren Appetit nach Regenwürmern hat (er frißt bis zu 50 g am Tag), hilft er auch dem Gärtner bei der Dezimierung von Schadinsekten. Denn als Insektenfresser vertilgt er massenweise Engerlinge, Asseln, Tausendfüßler, aber auch Spinnen und fängt sogar Mäuse. Für die mageren Tage im Winter legt er in einer Erdkammer seines Gangsystems einen großen Vorrat von Würmern und Engerlingen an. Den gefangenen Tieren wird in den Kopf gebissen, was sie nicht tötet, aber bewegungsunfähig macht. Nach einer Weile hat sich allerdings der Kopf des Regenwurms wieder regeneriert, und er kann fliehen.

Von März bis Mai, wenn die Paarungszeit beginnt, geben die Maulwürfe ihr Einsiedlerdasein auf: Das Männchen dringt in den weiblichen Bau ein, und nach anfänglichem Kampf wird der neue Partner kurzzeitig akzeptiert. Das

24

Weibchen versorgt die drei bis fünf Jungen bis zu ihrer Selbständigkeit nach fünf bis sechs Wochen alleine. Dann verlassen die Jungtiere den mütterlichen Bau, um sich selber ein Revier zu suchen.

Wer die Tiere partout nicht in seinem Garten dulden will, kann den unliebsamen Gast auf recht einfache Weise vertreiben: Legt man Fischköpfe oder mit Petroleum getränkte Lappen in die Gänge, so läßt sich der Maulwurf dauerhaft vertreiben. Auch das aus Asien eingeschleppte rosarot blühende Springkraut (*Impatiens glandulifera*), das im Sommer unzählige Hummeln und Bienen anlockt, soll die gleiche Wirkung haben. Nur Vorsicht — das bis zu 2 m hohe Kraut ist ausgesprochen wüchsig und verdrängt schnell andere Kräuter und Stauden im Garten.

Leider halten aus Unkenntnis immer noch Menschen die nützlichen Maulwürfe für wurzelfressende Schädlinge, die rücksichtslos mit dem Spaten erschlagen werden. Dabei ist der Maulwurf mittlerweile so selten geworden, daß er unter Naturschutz gestellt werden mußte!

Wenn die aufgeworfenen Erdhaufen seine Aktivitäten im Garten verraten, gewährt der Naturgärtner dem Maulwurf ein Gastrecht. Denn seine Anwesenheit kann auch als Indiz für eine vielfältige Kulturlandschaft in der Umgebung und für einen gesunden Gartenboden gewertet werden.

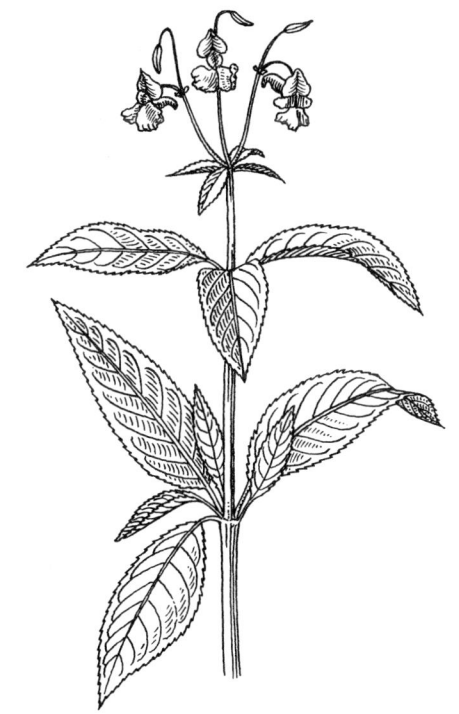

Unschädliche, alte Hausmittel zur Vertreibung des Maulwurfs

Drüsiges Springkraut (*Impatiens glandulifera*)

Der Naturgärtner akzeptiert den unter Naturschutz stehenden Maulwurf

25

Die wichtigsten Kleinsäuger im Garten

Spitzmäuse

Spitzmäuse zählen, wie Igel und Maulwurf, zu den Insektenfressern. Trotz des irreführenden Namens sind die winzigen Säugetiere nicht mit Mäusen verwandt, sondern mit dem Maulwurf. Im Gegensatz zu Mäusen, die größte Schäden im Garten verursachen können, sind Spitzmäuse mit ihrem enormen Appetit auf Käfer, Larven, Würmer und Schnecken ausgesprochene Nützlinge im Garten und müssen auf jeden Fall geschützt und gefördert werden. Um zu überleben, nehmen sie täglich mehr als ihr eigenes Körpergewicht an Nahrung zu sich. Da Spitzmäuse empfindlich auf Störungen reagieren, bevorzugen sie naturnahe Gartenbereiche, in denen sich die sensiblen Tiere ungestört bewegen können.

Feldspitzmaus (*Crocidura leucodon*)

Spitzmäuse vertilgen große Mengen an Insekten

Schaffung von Lebensräumen durch naturnahe Gartengestaltung

Die Waldspitzmaus ist das kleinste Säugetier in Deutschland

Die Waldspitzmaus (*Sorex araneus*), die mit 5 bis 6 cm Körperlänge und nur 3 bis 6 g Gewicht das kleinste Säugetier in Deutschland ist, bevorzugt eher schattige und feuchte, dicht mit Stauden, Sträuchern und Bäumen bewachsene Gärten.

Die Feldspitzmaus (*Crocidura leucodon*) besiedelt dagegen trockeneres und offenes Gelände. Die zunehmende Zerstörung ihrer Biotope (Lebensräume), aber auch der massive Einsatz von Insektiziden in der Landwirtschaft und leider auch in vielen Gärten hat dazu geführt, daß diese scheuen Tiere immer seltener geworden sind.

Die Zerstörung ihrer Biotope und der Insektizideinsatz bedrohen die Spitzmaus

Spitzmausnest im Kompost

Fledermäuse

Bei der Erhaltung dieser gesetzlich geschützten Tiere kommt neben der naturnahen Gartengestaltung dem Verzicht auf Insektizide eine zentrale Bedeutung zu. Spitzmäuse leben, wie der Maulwurf, als Einzelgänger. Männchen und Weibchen kommen nur zur Paarungszeit zusammen. Die schiefergrau bis schwarzbraunen Tierchen legen ihr Nest besonders gerne im Komposthaufen an. Die Muttertiere säugen und umsorgen die vier bis sechs nackten und blinden Jungen etwa sechs Wochen, bis sie selbständig sind.

Spitzmäuse stehen unter Naturschutz!

Auch Spitzmäuse bauen ihre Nester im Komposthaufen

Fledermäuse

Aufgrund ihrer nächtlichen Lebensweise und ihrer ungewöhnlichen äußeren Erscheinung gehören Fledermäuse (*Microchiroptera*) für viele Menschen zu den geheimnisvollen Lebewesen. Mit dem Beginn der Dämmerung, wenn die insektenfressenden Vögel wieder in ihre Nester zurückkehren, gehört der nächtliche Himmel den fliegenden Säugetieren. Mit ihrem weiten Flugmaul und ihrem scharfen Gebiß erbeuten sie Nachtfalter, Käfer, Fliegen und Mücken, die im Flug aufgefangen und sofort gefressen werden. Fledermäuse orientieren sich durch Echolotpeilung, wobei sie für den Menschen nicht hörbare, hohe, schrille Schreie ausstoßen, die als Schallwellen von Hindernissen, aber auch von Beutetieren reflektiert und zurückgeworfen werden. Sie erfassen

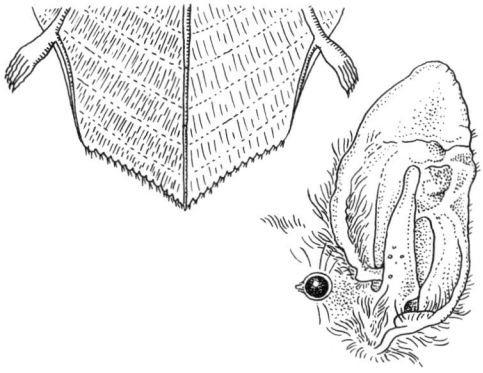

Orientierungshilfen der Fledermäuse: die Flughaut und die Ohren

Fledermäuse jagen nachts im Flug Insekten

Im Flug orientieren sich Fledermäuse mit Echolotpeilung

Die wichtigsten Kleinsäuger im Garten

dieses Echo mit ihren großen Ohren und der Flughaut zwischen den Gliedmaßen. Diese Flugweise ermöglicht den Fledermäusen blitzschnelle Richtungsänderungen.

Tagsüber schlafen Fledermäuse in geeigneten Verstecken

Langohrfledermaus (*Plecotus auritus*)

Die Familie der Fledermäuse ist relativ artenreich. So sind auch die Tagesverstecke, die sie im Sommer zum Schlaf aufsuchen, oft artspezifisch: die einen bevorzugen Höhlen, alte Keller und Gemäuer, andere Arten Dachböden, Baumhöhlen und Mauerspalten. Aber auch für den Winterschlaf werden solche Quartiere angenommen, wobei die Sommer- und Winterverstecke der jeweiligen Arten selten identisch sind. Da von Fledermäusen bestimmte Verstecktypen bevorzugt werden, unterscheidet man die heimischen Fledermausarten in Baum- und Hausfledermäuse. Die natürlichen Tagesverstecke und Winterquartiere unter dem Dach, im Kellergewölbe, in alten morschen Bäumen, in Höhlen oder in ausgedienten Bunkern sind vielerorts zerstört oder unzugänglich. Zudem hat der massive Einsatz von Insektiziden zum allmählichen Verschwinden von Fledermäusen aus vielen Landstrichen geführt.

Die Vernichtung von Schlafplätzen und Vergiftung ihrer Nahrung hat sie zur bedrohten Tierart gemacht

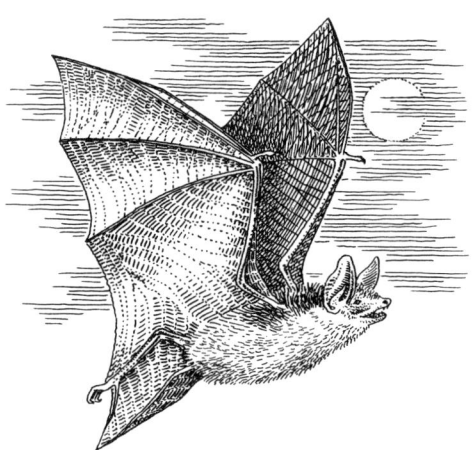

Großes Mausohr (*Myotis myotis*)

Ein Fledermauskasten als Tagesversteck

Einigen Arten, wie z. B. der Bartfledermaus, der Rauhhautfledermaus und dem Mausohr sowie dem Abendsegler kann man durch das Aufhängen von Fledermauskästen Ersatzverstecke anbieten. Denn alle Fledermäuse benötigen für die Ruhezeit am Tag ein dunk-

28

les Versteck, in dem die Tiere vor Stö-
nahmen für die vom Aussterben bedrohten Tiere erfordern genaue Kenntnisse über die noch vorkommenden
Arten in der Umgebung des Gartens.
Da der Laie selten solche genauen
Kenntnisse besitzt, ist ein verschiedenen Arten Unterschlupf bietender Kasten am besten.

Eine universelle Behausung für verschiedene Arten

Wer einen Fledermauskasten selber
bauen möchte, verwendet ungeho-
beltes, 10 cm starkes Holz, das auf
keinen Fall mit Holzschutzmitteln ge-
strichen werden darf. Alle Einzelteile
werden entsprechend der nebenste-
henden Zeichnung ausgesägt. Die Vor-
der- und Rückwand wird mit einem
Stecheisen aufgerauht. Die griffige
Holzwand dient als Kletterhilfe und
bietet sicheren Halt für die Fledermäuse während ihres Tagesschlafes.
Anschließend werden alle Teile zusam-
mengeschraubt. Es darf keine Nässe in
den Kasten gelangen, denn Fledermäuse sind außerordentlich feuchtig-
keits- und zugempfindlich. Deshalb
müssen zum Schluß alle ungewollt
entstandenen Fugen und Ritzen mit
Holzkitt abgedichtet werden. Zur längeren Haltbarkeit und gegen Nässe
läßt sich der Kasten zusätzlich von
außen mit Dachpappe schützen. Ein
Fledermauskasten muß mindestens
5 m hoch in Richtung Süden unter dem
Dach oder in einem großen Baum hängen. Der Kasten sollte immer am
Stamm anliegen und so ausgerichtet
sein, daß den Tieren ein freier Anflug

Für den Selbstbau: nur naturbelassene Materialien verwenden

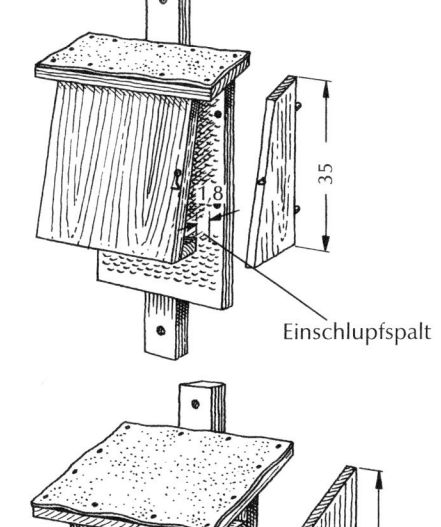

Einschlupfspalt

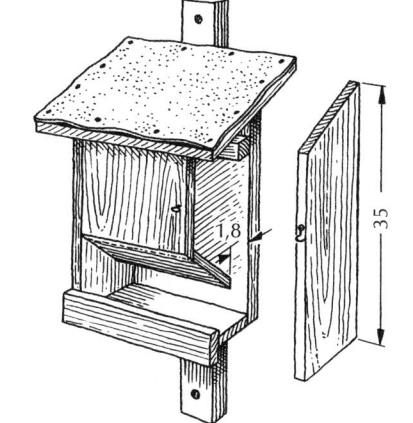

Fledermäuse sind zug- und feuchtigkeits-empfindlich

Fledermauskästen (Maßangaben in cm)

Die wichtigsten Kleinsäuger im Garten

**Lokale Fledermausvor-
kommen garantieren
keine Schlafgäste
im Fledermauskasten**

**Auch Bilche
bevorzugen natur-
nahe Gärten**

Lebensraum für Bilche, z. B. den Gartenschläfer (*Eliomys quercinus*): Obstwiese

**Am liebsten leben
Bilche in den Mittel-
gebirgsregionen und
in Süddeutschland**

möglich ist. Selbst wenn in der Umgebung des eigenen Gartens noch Fledermäuse leben, und die oben genannten Empfehlungen sorgfältig be-
achtet werden, kann es Jahre dauern,
bis sich Fledermäuse einfinden.

Bilche

Diese mittlerweile recht selten gewordenen Kleinsäuger gehören wie Fledermäuse zu den nachtaktiven Tieren.
In größeren Naturgärten mit Obst-
baumbestand und naturnaher Umgebung kommen Bilche gelegentlich
noch vor, obwohl man die scheuen
Tiere nur mit viel Glück sehen kann. In
Deutschland leben vier Arten dieser
Nagetierfamilie: die seltenen, hauptsächlich in Süddeutschland verbreiteten Baumschläfer, die Gartenschläfer,
die Siebenschläfer und die Haselmäuse. In der norddeutschen Tief-
ebene sind auch die drei letztgenannten, noch häufiger vorkommenden
Arten, kaum anzutreffen. Während Bilche die rauhen Küstenregionen vollständig meiden, bevorzugen die Nager
eindeutig die guten Lebensbedingungen in Wäldern der Mittelgebirgsre-
gionen. In der kalten Jahreszeit halten
auch Bilche wie Igel und Fledermäuse
einen langen Winterschlaf. Ab Anfang
Oktober verkriechen sie sich in ihre
Winterquartiere, bis sie Ende April
hungrig und abgemagert wieder er-
wachen.

Der **Siebenschläfer** (*Glis glis*), dessen Name von einem siebenmonatigen Schlaf herrührt, ist auch im naturnahen Garten selten zu entdecken. Wie Igel verbringen auch Siebenschläfer ihren Winterschlaf bei stark reduziertem Stoffwechsel, deutlich gesunkener Körpertemperatur und ohne Nahrungsaufnahme in Baumhöhlen, Erdlöchern, oder auch in speziell für sie aufgehängten Nistkästen. Wenn die Tage wieder wärmer werden, machen sie sich mit Beginn der Dämmerung auf die Suche nach Nahrung. Dabei durchstreifen sie Laubwälder, Grünanlagen, aber auch große Gärten und Obstplantagen. Am liebsten fressen Siebenschläfer Samen, Nüsse und Früchte. Insekten, Vogeleier und sogar Jungvögel sind ebenfalls nicht sicher vor ihnen. Im Herbst, wenn die Bäume und Sträucher voller Früchte hängen, fressen sie sich eine dicke Fettschicht an, die zum Überleben während des langen Winterschlafes beiträgt.

In dieser Jahreszeit, durch eingelagertes Obst angelockt, kommt es ab und an sogar vor, daß Siebenschläfer, die wie alle Bilche zu den gesetzlich geschützten Tieren gehören, in Vorratskammern eindringen, wo sie aufgrund ihrer Gefräßigkeit großen Schaden anrichten. Versucht man die Tiere zu fangen, wehren sie sich mit Fauchen und schmerzhaften Bissen. Töten darf man die Tiere auf keinen Fall. Am besten wartet man, bis der unliebsame Kostgänger am Morgen verschwindet,

Siebenschläfer (*Glis glis*)

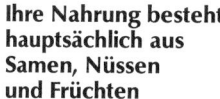

Alle Bilche halten bei reduzierten Körperfunktionen einen Winterschlaf

Ihre Nahrung besteht hauptsächlich aus Samen, Nüssen und Früchten

In Vorratskammern können Siebenschläfer große Schäden anrichten

Bilche stehen unter Naturschutz

Die wichtigsten Kleinsäuger im Garten

Gartenschläfer fallen durch ihr mehrfarbiges Fell auf

Ihre Lebensräume werden zerstört

Warme und trockene Steinhaufen werden zum Nestbau bevorzugt

Nest eines Gartenschläfers

um sein Versteck für den Tagesschlaf aufzusuchen.

Der **Gartenschläfer** (*Eliomys quercinus*), der kleinere Verwandte des Siebenschläfers, fällt durch seine mehrfarbige Fellzeichnung auf: der Rücken ist hellbraun, die Bauchseite cremeweiß gefärbt. Die dunklen, kreisrunden Augen werden durch die schwarze Zeichnung am Kopf noch betont. Der buschige, braune Schwanz erinnert an die Quaste eines Eichhörnchens.

Der Gartenschläfer lebt bevorzugt in naturnahen, großen Gärten, wo er ungestört auf Bäumen und Sträuchern herumklettern kann. Ansonsten durchstreift er wie der Siebenschläfer Misch- und Laubwälder und Streuobstwiesen mit ihrem reichhaltigen Nahrungsangebot. Streuobstwiesen verlieren für ihn als Lebensraum zunehmend an Bedeutung, da sie häufig den für Erwerbsobstanbau rentableren Obstplantagen weichen müssen und daher aus unserem Landschaftsbild verschwinden. Damit sie als besonders wertvolle Biotope eine Überlebenschance haben, stehen Streuobstwiesen in manchen Regionen unter Schutz.

Ihre Nester bauen Gartenschläfer gerne zwischen Steine und in Schutthaufen, wo es trocken und warm ist. Die blinden, nackten Gartenschläferjungen werden meist im Hochsommer geboren und von der Mutter etwa sechs Wochen lang versorgt, bis sie selbständig sind. Nach einem Jahr sind sie geschlechtsreif.

Der kleinste Vertreter der Schläferfamilie ist die nur 7 bis 8 cm große **Haselmaus** (*Muscardinus avellanarius*). Mit ihrem ebenso langen Schwanz turnt sie geschickt auf Sträuchern und Bäumen herum.

Obwohl Haselnüsse zu ihren Lieblingsspeisen zählen, ernähren sich Haselmäuse auch von anderen Nüssen, Eicheln, harten Sämereien, saftigen Früchten sowie Blatt- und Blütenknospen von Bäumen. Aus Gras, Moos und ähnlichem bauen sie kunstvolle Kugelnester in Buchenkronen oder Sträuchern in 1 bis 2 m Höhe. Die Haselmausmutter lebt mit ihren Jungen ca. 1 Jahr zusammen, bis jedes Familienmitglied getrennte Wege geht. Die kalte Jahreszeit verschlafen sie in 60 bis 80 cm tiefen Erdhöhlen, die sie, wenn keine anderen Behausungen zu finden sind, auch selber graben.

Wer Siebenschläfer, Gartenschläfer oder Haselmäuse in seinem Garten vermutet oder sogar gesehen hat, kann für sie eine Behausung bauen. Der Bilchkasten muß so konstruiert sein, daß Feinde, wie z. B. der Marder, mit ihren Pfoten nicht an die Tiere gelangen können. Im Kasten muß ein dickes, warmes Nest für den Winterschlaf ausreichend Platz finden.

Die Behausung muß zugfrei und wasserdicht gebaut werden. Am besten eignet sich unbehandeltes Holz von

Haselmaus (*Muscardinus avellanarius*)

Haselmäuse ernähren sich nicht nur vom Haselnußstrauch

Haselmäuse bauen kunstvolle Rundnester

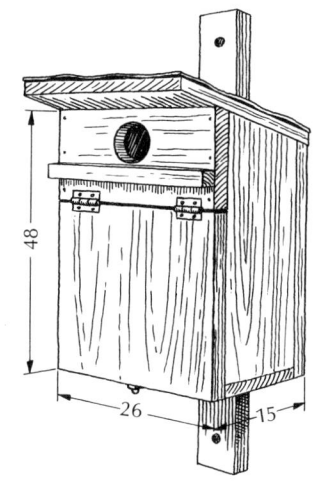

Bilchkasten (Maßangaben in cm)

Geräumige Bilchkästen baut man zugfrei und wasserdicht

Die wichtigsten Kleinsäuger im Garten

Man hängt den Kasten an einen großen Baum oder unter das Dach

Auch andere Tiere nisten manchmal in Bilchkästen

mindestens 3 cm Stärke, um einen Bilchkasten selbst zu bauen. Im Herbst wird der Kasten bis zur Hälfte mit trockenem Heu und Moos gefüllt und an einem geschützten Platz, z. B. in einem großen Baum oder an der Wand eines Gartenhauses, aufgehängt. Im Frühjahr wird altes Nistmaterial entfernt und der Kasten gründlich gereinigt. Manchmal kommt es vor, daß bereits Vögel den Kasten für die Aufzucht ihrer Jungen in Beschlag genommen haben. Dann verschiebt sich die Reinigung des Kastens, bis die Jungtiere das Nest verlassen haben.

▷ Spitzmäuse sind große Insektenvertilger

Heimische Vögel im Garten

Von den insgesamt 8600 verschiedenen Vogelarten, die es auf der Erde gibt, leben etwa 400 Arten in Mitteleuropa. Im Laufe ihrer Entwicklung haben sich die Vögel den ungewöhnlichsten Lebensräumen angepaßt und sind deshalb überall anzutreffen, in der Luft, am Boden aber auch auf und im Wasser.

Trotz dieser Anpassungsfähigkeit sind heute sehr viele Vogelarten gefährdet. Durch Entwässerung von Feuchtgebieten, Gewässerverschmutzung sowie durch die moderne Land- und Forstwirtschaft wurden in der freien Landschaft die natürlichen Lebensräume vieler Vogelarten stark eingeschränkt. Auch innerhalb von Städten finden Vögel kaum geeignete Lebensräume. Grund genug, alles Mögliche zu unternehmen, den heimischen Vögeln im eigenen Garten neue Lebensräume anzubieten.

Ein weiterer Grund der dafür spricht, liegt in der Nützlichkeit der Vögel als Insektenfresser. Insbesondere während der Aufzucht ihrer Jungen fressen sie ungeheure Mengen an Insekten, darunter auch Schädlinge. Ihr Beitrag zur Begrenzung einer Schädlingspopulation ist zwar deutlich geringer als der der Nutzinsekten, dennoch sind Vögel wichtige Helfer bei der Regulierung des ökologischen Gleichgewichtes im Garten. Viele Maßnahmen, hauptsächlich Nisthilfen, sind dazu geeignet, im Garten außer Höhlenbrütern auch Freibrüter und in Ausnahmefällen sogar Eulen anzusiedeln.

◁ Die Kohlmeise hat die leckeren Sonnenblumenkerne entdeckt

Heimische Vögel im Garten

Höhlenbrüter bauen ihre Nester in Baumhöhlen, Mauernischen etc.

Blaumeise (*Parus caeruleus*)

Kohlmeisen sind an ihrer schwarzen Kappe und dem schwarzen Streifen auf gelbem Bauch erkennbar

Bei Blaumeisen sind die Kopfplatte, die Flügel und der Schwanz blau

Meisen ernähren sich von Frostspannern, Blatt- und Schildläusen sowie Fliegen

Meisenkasten

Höhlenbrüter

Die Vogelarten, die zum Nisten auf Höhlen, z. B. Baumhöhlen angewiesen sind, werden Höhlenbrüter genannt. Sehr viele dieser Arten kann man im Garten durch Aufhängen von Nistkästen gezielt ansiedeln.

Meisen
Jeder kennt sie, die Vögel, die an sonnigen Wintertagen mit ihrem Gesang den Frühling ankündigen: die **Kohlmeisen** (*Parus major*). Typische Merkmale der Kohlmeisen sind ihre schwarze Kopfplatte und der schwarze Streifen auf dem ansonsten gelben Bauch. Die weißen Wangen und der grünliche Rücken sind weitere Kennzeichen der größten Meisenart Mitteleuropas. Deutlich kleiner als Kohlmeisen sind die **Blaumeisen** (*Parus caeruleus*). Sie sind außerdem durch den fehlenden Bauchstreif und ihre blaue Kopfplatte von den Kohlmeisen eindeutig zu unterscheiden. Auch die Flügel und der Schwanz der Blaumeisen sind blau.

Beide Meisenarten kommen in unseren Gärten häufig vor und spielen hier eine wichtige Rolle als Insektenfresser. So sind Meisen wichtige Feinde des Frostspanners. Die Larven dieser Falterart, die an Blättern, Blüten und Früchten von Obstbäumen fressen, werden von Meisen in großen Mengen an ihre Jungen verfüttert. Aber auch andere Spannerarten sowie Blattläuse, Schildläuse und Fliegen gehören zu den bevorzugten Beutetieren von Meisen. Um das Nahrungsangebot braucht man sich in aller Regel nicht zu kümmern. Meisen finden im Garten genügend Insekten. Da es in den Städten an natürlichen Höhlen aber meist fehlt, können Meisen, wie alle anderen Höhlenbrüter auch, durch das Aufhängen von Nistkästen gezielt gefördert werden. Diese Kästen können im Handel erworben werden. Bei etwas Geschicklichkeit kann man sie auch selbst herstellen.

Als Material eignet sich am besten gesundes und trockenes Vollholz, z. B. Fichten-, Kiefern-, Eichen- oder Erlenholz. Die Bretter sollten mindestens 20, besser 24 mm stark sein. Damit die Vögel an den Wänden im Inneren des Kastens Halt finden, bleibt das Holz zumindest auf der Innenseite ungehobelt. Ein Schutzanstrich sollte möglichst unterbleiben — der Kasten hält auch ohne Behandlung mehrere Jahre. Nach dem Zuschneiden der Holzteile einschließlich dem Flugloch, werden zunächst die Vorder- und Rückwand an den Boden angenagelt und dann die Seitenwände. Zum Schluß wird das Dach befestigt. Außer dem runden Einflugloch ist der Nistkasten somit völlig geschlossen. Die Größe dieses Loches entscheidet darüber, welcher Vogel hier nisten darf. So muß der Lochdurchmesser mindestens 32 mm betragen, damit Kohlmeisen den Kasten besiedeln können. Für Blaumeisen reichen 26 bis 28 mm aus.

Nahrung finden Meisen im Garten in genügender Menge, Nistplätze aber nicht unbedingt

Bau von Vogelnistkästen (Maße der Bauteile in cm)
(verändert nach NIEMEYER-LÜLLWITZ, 1989)

Modell	Meisen-kasten	Staren-kasten	Kl. Eulen-kasten	Gr. Eulen-kasten	Halbhöhle
Dach Breite x Tiefe	20 x 22	22 x 26	24 x 30	31 x 40	20 x 20
2 x Seitenteil vord./hint. Höhe x Tiefe	24/27 x 18	30/34 x 20	35/40 x 22	44/50 x 29	14/17 x 14
Vorderteil Höhe x Breite	24 x 14	30 x 16	35 x 18	44 x 25	8 x 16
Rückwand Höhe x Breite	27 x 14	34 x 16	40 x 18	50 x 25	17 x 12
Boden	14 x 14	16 x 16	18 x 18	25 x 25	12 x 12
Aufhängeleiste Länge x Breite	47 x 4	58 x 4,5	66 x 5	80 x 6	40 x 4
Flugloch-Durchmesser	$2,8^1/3,3^2/$ $4,5 \times 3^3$	4,5–5	$6,5–7^4$ $8,5^5$	12	–
Abstand Flugloch/Dach	5	5,5	6	9	–

1 bis 5 = verschiedene Fluglochdurchmesser für bestimmte Vogelarten bei gleicher Kastengröße

Meisenkasten:
1 = Blau-, Hauben-, Nonnen-, Tannenmeise
2 = Kohlmeise, Wendehals, Feldsperling, Trauer- und Halsbandschnäpper
3 = Gartenrotschwanz, Kleiber

Starenkasten:
Star, Sperlingskauz

Kleiner Eulenkasten:
4 = Wiedehopf, Zwergohreule, Steinkauz
5 = Rauhfußkauz, Hohltaube

Großer Eulenkasten:
Waldkauz

Halbhöhle:
Hausrotschwanz, Bachstelze, Grauschnäpper (selten Rotkehlchen, Zaunkönig)

Heimische Vögel im Garten

Nistkästen müssen sich zum Reinigen öffnen lassen

Beim Aufhängen von Nistkästen ist folgendes zu beachten:
- **Flugloch immer nach Südosten orientiert**
- **leichte Beschattung von Ästen**
- **Höhe: 2 bis 4 m**
- **leichte Neigung nach vorne**
- **evtl. Schutz vor Katzen und Mardern**

Nistkästen jedes Jahr reinigen

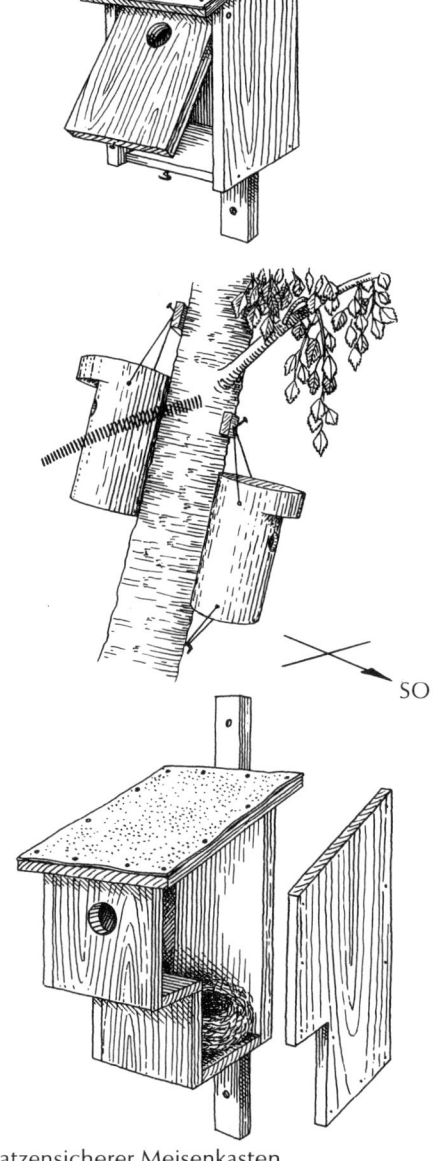

SO

Katzensicherer Meisenkasten

Sehr wichtig ist es auch, daß sich der Nistkasten öffnen läßt, da er nach der Brutzeit im Herbst jeden Jahres aus hygienischen Gründen gereinigt werden muß. Entweder man befestigt das Dach des Kastens so, daß es zur Reinigung und Kontrolle abgenommen werden kann, z. B. indem man es anschraubt, oder man befestigt die Vorderwand des Nistkastens so an den Seitenwänden, daß sie aufklappbar ist.

Beim Aufhängen der Nistkästen ist darauf zu achten, daß das Flugloch der Wetterseite abgewandt liegt. Bei uns muß die Öffnung also nach Osten oder Südosten zeigen. Da der Nistkasten keinen allzu starken Wettereinflüssen wie Sonne, Wind und Regen ausgesetzt sein darf, ist ein Platz im Halbschatten, z. B. an einem Baumstamm der geeignetste. Dort sollte der Nistkasten in einer Höhe von 2 bis 4 m aufgehängt werden. Dabei ist es sehr ratsam, ihn etwas nach vorne geneigt zu befestigen. So kann kein Regenwasser eindringen. Zum Schutz vor Katzen und Mardern können besondere Kästen aufgehängt werden, die durch ihre Konstruktion die Brut vor einem Zugriff dieser Tiere schützen.
Jedes Jahr im Herbst müssen die Nistkästen gesäubert werden, wobei die alten Nester zu entfernen sind. Bei starker Verschmutzung reinigt man die Kästen mit einem Pinsel. Dabei dürfen auf keinen Fall Chemikalien verwendet werden.

40

Fliegenschnäpper

Genau wie für die Meisen ist es auch für die höhlenbrütenden Fliegenschnäpper in den Städten sehr schwierig, geeignete Nistgelegenheiten zu finden. Auch ihnen kann durch Aufhängen von Nistkästen im Garten geholfen werden. Dabei können die gleichen Kästen genutzt werden wie für die Kohlmeisen (Fluglochdurchmesser: 32 mm). In Deutschland gibt es zwei Fliegenschnäpperarten, den **Trauerschnäpper** (*Ficedula hypoleuca*), der fast im gesamten Land zu finden ist und den **Halsbandschnäpper** (*Ficedula albicollis*), den man nur im Süden antrifft. Beide Schnäpperarten sehen sich sehr ähnlich, dennoch gibt es Unterschiede. Das Männchen des Trauerschnäppers ist oberseits rußschwarz oder schiefergrau, teilweise aber auch wie die Weibchen düster braungrau. Brust und Bauch sind weiß. Das Männchen des Halsbandschnäppers ist dagegen deutlich kontrastreicher und unterscheidet sich außerdem vom Trauerschnäpper durch seinen weißen Halsring.

Fliegenschnäpper spielen im Garten bei der Dezimierung von Insekten ebenfalls eine wichtige Rolle. Im Unterschied zu den Meisen machen Fliegenschnäpper aber verstärkt Jagd auf fliegende Insekten und tragen so dazu bei, daß sich die Insekten auch im späteren Entwicklungsstadium in ihrem Bestand nicht allzu stark vermehren können. Fliegenschnäpper sind soge-

Trauerschnäpper (*Ficedula hypoleuca*)

Auch Trauerschnäpper und Halsbandschnäpper brüten gern in Nistkästen

Halsbandschnäpper (*Ficedula albicollis*)

Fliegenschnäpper fangen vorbeifliegende Insekten direkt aus der Luft

Heimische Vögel im Garten

nannte Wartejäger, die vorbeifliegende Insekten direkt aus der Luft fangen.

Kleiber klettern Baumstämme geschickt hinauf und wieder hinunter und suchen dabei die Baumrinde nach Insekten und Spinnen ab

Kleiber (*Sitta europaea*)

Gartenbaumläufer brauchen einen besonderen Nistkasten

Baumläufernistkasten

Kleiber

Wenn ein kleiner Vogel munter an Baumstämmen und Ästen herumklettert, teilweise sogar mit dem Kopf nach unten, dann ist es ein Kleiber (*Sitta europaea*), der die Baumrinde nach dort lebenden Insekten und Spinnen absucht. Diese bilden seine Hauptnahrung. Auf seiner Oberseite ist der Kleiber aschgrau gefärbt, auf der gesamten Unterseite überwiegend hell rostfarben. Der Kleiber brütet natürlicherweise in Baumhöhlen. Wenn ihm die Öffnung dieser Höhle zu weit erscheint, verkleinert er sie mit Lehm. Genauso gern nistet der Kleiber in aufgehängten Nistkästen, deren Flugloch einen Durchmesser von 45 mm aufweisen muß. Ist es größer als 45 mm, wird es wie eine zu große Baumhöhle einfach mit Lehm verkleinert.

Gartenbaumläufer

Auch der Gartenbaumläufer (*Certhia brachydactyla*) sucht Baumrinden nach Insekten und Spinnen ab, die sich in den Rindenritzen aufhalten. Dabei läuft der grau und dunkelbraun gestreift wirkende Vogel die Baumstämme in Spiralen hinauf. Sein Nest baut der Baumläufer am liebsten in Spalten von Bäumen oder hinter abstehender Rinde. Gern nimmt er auch einen Nistkasten zum Nestbau an. Der Nistkasten sieht aber anders aus als der bisher erwähnte Meisenkasten. Er hat nämlich keine Rückwand und ist am hinteren Rand halbkreisförmig ausgeschnitten, wodurch er eng am Baum anliegt. Der seitlich am Nistkasten angebrachte Einschlupf ist nicht rund, sondern eher spaltförmig.

Bachstelze

Am häufigen Schwanzwippen ist die Bachstelze (*Motacilla alba alba*) zu erkennen. Sehr auffällig ist der schwarze Kehlfleck der Altvögel. Die Jungvögel sind hingegen kontrastlos grau. Bachstelzen ernähren sich nur tierisch, vorwiegend von Insekten, die sich im Wasser entwickeln. Schon eine kleine Wasserstelle, z. B. eine Pfütze und erst recht ein kleiner Teich in einem Garten sind deshalb für Bachstelzen ziemlich attraktiv. Sehr schnell finden sie sich dort ein. Bachstelzen bauen ihre Nester stets unter einem festen Dach, aber sonst sind die Ansprüche an den Standort nicht sehr groß. So nisten sie in Mauerlöchern, Holzstapeln, unter Brücken und sogar in Erdlöchern. Bachstelzen sind deshalb keine ausgesprochenen Höhlenbrüter, sondern sind eher als Halbhöhlenbrüter zu bezeichnen.

Für **Halbhöhlenbrüter** gibt es spezielle Nistkästen. Diese unterscheiden sich von den geschlossenen Meisenkästen lediglich dadurch, daß die Vorderseite kein Flugloch hat, sondern nur gut zur Hälfte verschlossen ist. Die große Öffnung des Kastens bedeutet für die

Bachstelzen halten sich gern in der Nähe von Wasser auf

Bachstelze (*Motacilla alba*)

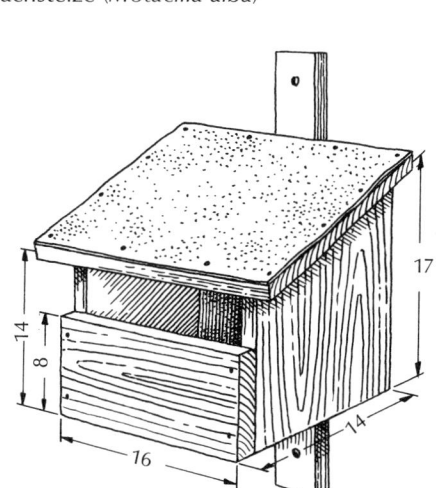

Die Vorderseite von Nistkästen für Halbhöhlenbrüter ist etwa zur Hälfte offen

Nistkasten für Halbhöhlenbrüter
(Maßangaben in cm)

43

Heimische Vögel im Garten

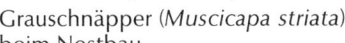

Gartenrotschwanz (*Phoenicurus phoenicurus*)

Erkennbar an dem rostroten, stets wippenden Schwanz: das Rotschwänzchen

Grauschnäpper (*Muscicapa striata*) beim Nestbau

Wird häufig mit Spatzen verwechselt: der Grauschnäpper

Jungvögel natürlich eine sehr große Gefahr vor Katzen und Mardern, weshalb diesen Tieren der Zugang zu den Halbhöhlen erschwert werden muß, z. B. indem man die Kästen in einer Höhe von mindestens 3 m aufhängt oder sie mit Maschendraht umgibt.

Rotschwanz

Auch Rotschwänzchen sind streng genommen Halbhöhlenbrüter, die die nach vorn offenen Nistkästen gern zum Nestbau annehmen. Zwei Arten spielen im Garten eine Rolle, der **Hausrotschwanz** (*Phoenicurus ochrurus*) und der **Gartenrotschwanz** (*Phoenicurus phoenicurus*). Charakteristisch für beide Arten sind die aufrechte Haltung und der rostrote, ständig auf und ab wippende Schwanz. Das Gartenrotschwanzmännchen hat eine schwarze Kehle und eine leuchtend weiße Stirn, die Unterseite ist auffallend rostrot. Das Männchen des Hausrotschwänzchens ist hingegen dunkelgrau und hat häufig ein rußschwarzes Kinn. Rotschwänzchen ernähren sich von Insekten und Spinnen, im Herbst aber auch von Beeren.

Grauschnäpper

Genau wie die bereits erwähnten Trauer- und Halsbandschnäpper sind auch die Grauschnäpper (*Muscicapa striata*) Wartejäger, die vorbeifliegende Insekten direkt aus der Luft fangen, wobei sie eine außerordentliche Geschicklichkeit zeigen. Demnach helfen auch sie mit, die Bestände erwachsener Insekten zu dezimieren. Im Unterschied zu den beiden anderen Fliegenschnäpperarten sind die braunen, sperlingsgroßen Grauschnäpper Halbhöhlenbrüter, die ihre Nester z. B. in ausgefaulten Astlöchern, unter loser Borke etc. bauen. Gern besiedeln sie auch die nach vorn offenen Nistkästen, um dort zu brüten.

Freibrüter

Natürlich beschränkt sich praktizierter Vogelschutz nicht nur auf das Aufhängen von Nistkästen. Auch für die Vogelarten, die ihre Nester nicht in Höhlen, sondern direkt in dichtem Strauchwerk anlegen, kann in einem Garten einiges getan werden, damit sie sich hier ansiedeln.

Rotkehlchen

Ein sehr beliebter kleiner Vogel ist das häufig in Gärten und Parkanlagen zu beobachtende Rotkehlchen (*Erithacus rubecula*). Mit auffälliger Rotfärbung an Stirn und Brust macht es seinem Namen alle Ehre. Gern hält es sich in dichtem Unterholz auf und sucht am liebsten am Boden nach Insekten, Spinnen und Regenwürmern. Im Herbst ernährt sich das Rotkehlchen außerdem von Beeren und Früchten. Sein Lieblingsfutter sind die Samen des Pfaffenhütchens. Das Rotkehlchen baut sein Nest in einer Vertiefung am Boden oder unter überhängendem Gras. Nur während der Brutzeit lebt es zusammen

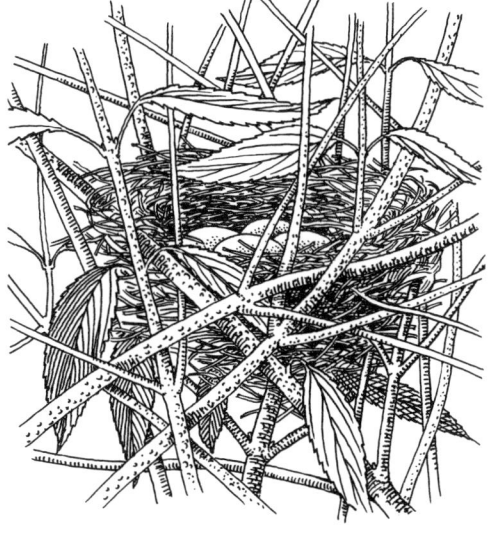

Freibrüter brauchen für den Nestbau keine Höhlen; sie bauen ihre Nester direkt in dichtes Strauchwerk und an anderen Stellen

Neben Insekten und Spinnen frißt das Rotkehlchen ausgesprochen gern die gelben Samen vom Pfaffenhütchen

Rotkehlchen (*Erithacus rubecula*)

Heimische Vögel im Garten

Freiwachsende Hecken als Vogelschutz- und Vogelnährgehölze (Auswahl)

Deutscher Name	Botanischer Name	Bemerkungen
Sauerdorn	*Berberis vulgaris*	Vogelschutzgehölz
Rote Heckenkirsche	*Lonicera xylosteum*	Beeren als Vogelnahrung
Sanddorn	*Hippophaë rhamnoides*	Futter für Hühnervögel
Schlehe	*Prunus spinosa*	Nahrung für Vögel
Heckenrose, Hundsrose	*Rosa canina*	Früchte eßbar
Wilde Brombeere	*Rubus fruticosus*	Früchte eßbar
Kornelkirsche	*Cornus mas*	Früchte eßbar, Nahrung für Vögel
Roter Hartriegel	*Cornus sanguinea*	Nahrung für Vögel
Weißdorn	*Crataegus monogyna*	Vogelschutzgehölz, Wirt des Feuerbrands!
Pfaffenhütchen	*Euonymus europaea*	Nahrung für Vögel, insbesondere für Rotkehlchen
Gemeiner Liguster	*Ligustrum vulgare*	Früchte als Nahrung für Vögel
Schwarzer Holunder	*Sambucus nigra*	Beeren bei Vögeln und Menschen beliebt
Gemeiner Schneeball	*Viburnum opulus*	Seidenschwanz ernährt sich von den Früchten
Stechpalme, Ilex	*Ilex aquifolium*	
Eibe	*Taxus baccata*	Holz, Nadeln und Samen sind für den Menschen giftig

Mischhecke mit üppigem Unterwuchs

mit seinem Partner ziemlich zurückgezogen, ansonsten kann man das als Einzelgänger lebende Rotkehlchen fast daß ganze Jahr über auf Bäumen und Sträuchern beobachten.

Aufgrund seiner Lebensweise findet das Rotkehlchen innerhalb eines Gartens in einer dichten, freiwachsenden Mischhecke die besten Lebensbedingungen vor.

Eine Mischhecke besteht aus einer großen Artenvielfalt von Gehölzen mit unterschiedlicher Höhe und kann sogar, vorausgesetzt, es ist ausreichend Platz vorhanden, von einigen Laubbäumen überragt werden. Es ist wichtig, daß in einer Mischhecke möglichst viele heimische Gehölze stehen, von denen etliche auch Beeren und Früchte tragen sollten (Vogelschutzgehölze). Das Rotkehlchen ist sicherlich dankbar, wenn sich darunter auch das eine oder andere Pfaffenhütchen befindet.

Eine freiwachsende Mischhecke braucht allerdings sehr viel Platz und eignet sich deshalb nur für größere Gärten. Bei kleineren Gärten besteht stattdessen die Möglichkeit, einige heimische Gehölze zu einer kleinen Gruppe zusammenzupflanzen. Außer den Gehölzen sollte man innerhalb einer Mischhecke auch einen krautigen Unterwuchs zulassen, da sich in ihm sehr viele Insekten und Spinnen ansiedeln, die ihrerseits wiederum der Ernährung des Rotkehlchens und natürlich auch vieler anderer Vogelarten dienen.

Grasmücken

Auch Grasmücken siedeln sich gern in Gärten mit freiwachsenden, dichten Mischhecken an. Je dichter das Gebüsch in den Hecken ist, desto geeigneter sind sie als Unterschlupf- und Nistgelegenheit für Grasmücken. Neben der **Gartengrasmücke** (*Sylvia borin*) kommt in Gärten auch die **Dorngrasmücke** (*Sylvia communis*) vor. Die eher unscheinbare Gartengrasmücke ist einfarbig braunbeige und an der Unterseite heller. Die Dorngrasmücke ist dagegen auf ihrer Oberseite hell graubraun, auf der Unterseite weißlich. Beide Grasmückenarten ernähren sich von Insekten aller Art bis zu einer Größe von Libellen. Ihre Nester bauen die Grasmücken selten höher als 30 cm über dem Boden. Während die Dorngrasmücke ihr Nest meist in einem kleinen, aber sehr dichten Busch anlegt, baut die Gartengrasmücke ihres in einem Gewirr aus welkem, vorjährigem Gras, manchmal auch in einen künstlich angelegten Reisighaufen.

Finken

Finken sind nicht so anspruchsvoll wie die Grasmücken und lassen sich demnach leichter im Garten ansiedeln. Dem **Buchfink** (*Fringilla coelebs*) reichen schon ein paar Bäume, in denen er Insekten jagt, aber auch Knospen und Samen frißt. Wahrscheinlich gilt er deshalb als einer der häufigsten und bekanntesten Vögel Europas. Buchfinkenmännchen haben ein farbenfrohes

Gartengrasmücke (*Sylvia borin*)

Je dichter das Gebüsch ist, desto lieber halten sich Grasmücken darin auf

Buchfink (*Fringilla coelebs*)

Gartengrasmücken nehmen künstlich angelegte Reisighaufen als Nistplatz an

Anspruchslos: der Buchfink

Heimische Vögel im Garten

Der Stieglitz ist eindeutig an der gelben Flügelbinde und dem schwarz-weiß-roten Kopfgefieder zu erkennen

Distelfink (*Carduelis carduelis*)

Im Vergleich zum Distelfink wirkt der Grünfink sehr unscheinbar

Finken benötigen keine Nisthilfen

Grünfink (*Carduelis chloris*)

Gefieder. Kopf und Nacken sind blau, der Bauch rötlich und der Rücken kastanienfarben. Die braungrünen Weibchen sehen dagegen unscheinbar aus. Bei beiden kann man deutlich die auch im Flug sichtbare weiße Flügelbinde ausmachen. Mit dem Buchfink verwandt ist der **Stieglitz** (*Carduelis carduelis*), auch Distelfink genannt. Seinen Namen verdankt dieser Vogel der Vorliebe für Distelsamen, die er mit spitzem Schnabel aus den Fruchtständen der Disteln holt. Auch Löwenzahnsamen werden von ihm gern gefressen. Im Garten sollte man allein schon dem Stieglitz zuliebe die Blütenstände von Disteln und Löwenzahn stehen lassen. Der Distelfink ist relativ einfach von anderen Finken zu unterscheiden. Seine unverkennbaren Merkmale sind das schwarz-weiß-rote Kopfgefieder sowie die gelbe Flügelbinde.

Gegen den Distelfink wirkt der **Grünfink** (*Carduelis chloris*) oder Grünling sehr unscheinbar. Das Gefieder des Männchens ist grün, auf der Brust gelbgrün, das der Weibchen grau mit grünlichem Hauch.

Finken legen ihre Nester in der Regel in Laub- und Nadelgehölzen an, meist in eine Astgabel. Während der Distelfink sein Nest selten tiefer als 4 m über dem Boden baut, reichen dem Grünfink niedrige Sträucher aus. Bei der Suche nach einem geeigneten Nistplatz ist dieser Fink nicht immer sehr wählerisch. Selbst Blumenkästen und Veranden scheinen ihm für den Bau des Nestes geeignet.

Zaunkönig

Mit nur 9 cm ist der Zaunkönig (*Troglo-dytes troglodytes*) bei uns der kleinste Vogel. Charakteristisch für ihn ist der kurze, hochgestellte Schwanz. Sein Gefieder ist rostbraun. Der Zaunkönig liebt die Nähe von Wasser und hält sich mit Vorliebe am Boden in dichter Vegetation unter einer Hecke auf. Dort sucht er nach Nahrung, die hauptsächlich aus Insekten besteht. Nur als Zukost frißt der Zaunkönig auch Beeren. Im Frühjahr baut das Männchen im Gebüsch mehrere kleine geschlossene Kugelnester, sogenannte Balznester. Diese liegen meist niedrig in Efeuhecken, Reisighaufen und ähnlichem, selten mehr als 3 m hoch. Von diesen Nestern sucht sich das Weibchen eines aus und polstert es vor der Brutzeit innen mit weichem Material aus.

Gärten mit einer dichten Mischhecke, in der auch der Unterwuchs sehr üppig ist, bieten dem Zaunkönig nicht nur optimale Lebensbedingungen und ein reichhaltiges Nahrungsangebot, sondern auch geeignete Plätze zum Nisten. Sind keine Hecken vorhanden, oder sind sie nicht dicht genug, kann man den Vögeln auch Ausweichnistplätze anbieten, z. B. indem man einen Reisighaufen aufschichtet. Um Katzen von diesem Haufen fernzuhalten, ist es günstig, als Deckschicht Fichtenzweige und dorniges Gestrüpp aufzulegen. Maschendraht dient dem gleichen Zweck.

Zaunkönig (*Troglodytes troglodytes*)

Der Zaunkönig ist in unseren Breiten der kleinste Vogel

Das Zaunkönigmännchen baut mehrere Nester, sogenannte Balznester

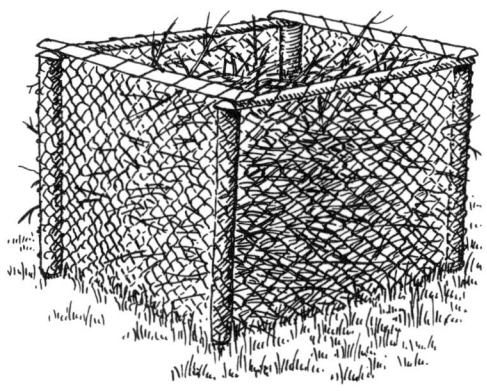

Reisighaufen

In einer dichten Mischhecke mit reichlichem Unterwuchs findet der Zaunkönig alles, was er zum Leben benötigt

Heimische Vögel im Garten

Früher sehr scheu – heute überall präsent: die Amsel

Ihr Nest bauen Amseln oft ohne alle Vorsicht irgendwo hin

Amsel (*Turdus merula*)

Außer Insekten, Spinnen und Tausendfüßlern ernähren sich Amseln auch von Regenwürmern

Amseln

Noch vor 100 Jahren waren Amseln (*Turdus merula*) scheue Waldvögel, die sich nie in die Nähe menschlicher Behausungen gewagt haben. Inzwischen hat sich das drastisch geändert. Heute sind Amseln ein nicht mehr wegzudenkender lebendiger Bestandteil in jedem Park und jedem Garten, wo sie uns mit ihrem melodiereichen Gesang erfreuen. Die Amselmännchen sind mattschwarz und haben einen gelben Schnabel, die Weibchen sind schwärzlichbraun. Zur Brutzeit besetzt ein Amselpaar ein Revier, in dem es keine andere Amsel duldet. Wer dennoch in ihr Revier eindringt, wird erbarmungslos vertrieben. Ihre Nester bauen Amseln meist ohne alle Vorsicht irgendwo hin, z. B. in dichtes Fassadengrün, in kleine Fichten oder Hecken, selten höher als 3 m über dem Boden.

Amseln ernähren sich von Insekten und deren Larven sowie von Spinnen und Tausendfüßlern. Im Garten sind sie aber nicht nur nützlich, da sie mit Vorliebe auch Regenwürmer und im Herbst und Winter Beeren, Früchte und Sämereien vertilgen. Nicht zuletzt wegen ihres Gesanges sollte man sie dennoch dulden, denn Amseln kommen nie in größeren Mengen im Garten vor, erst recht nicht während der Brutzeit, da sie dann im eigenen Revier keine anderen Amseln dulden.

Außer den Amseln bauen auch viele andere Freibrüter ihre Nester in Astgabeln, in denen sie ausreichende Deckung finden. Besonders bei jungen Einzelgehölzen aber auch in neuangelegten Hecken fehlen solche schützenden Astgabeln häufig, sie sind somit für die freibrütenden Vogelarten uninteressant. Hier kann man Nisthilfen anbieten.

Eine gern angenommene Nisthilfe ist der schon mehrfach erwähnte Reisighaufen. Weitere Hilfe kann mit sogenannten Nisttaschen gegeben werden. Diese werden direkt an Baumstämmen angelegt. Man nimmt dazu mehrere Ginster- oder Kiefernzweige, die zu Bündeln zusammengelegt an zwei Stellen des Stammes so festgebunden werden, daß zwischen den Bindestellen ein etwa faustgroßer Hohlraum entsteht. Darin können die Vögel leicht ihre Nester bauen.

Eine andere Möglichkeit besteht darin, aus mehreren Zweigen eines Strauches einen Nistquirl zu bilden. Hierzu werden einige Zweige so zusammengebunden, daß sie einander überkreuzen. In diesem Quirl bauen die Vögel gern ihr Nest. Außerdem sind die Vögel darin besser getarnt.

Wichtig ist noch zu erwähnen, daß sämtliche Vogelarten durch Anpflanzen von sogenannten Vogelschutzgehölzen in den Garten gelockt werden können. Dies sind zum einen die heimischen Gehölze, die den Vögeln durch ihre Bedornung einen natürlichen Schutz vor Feinden bieten, z. B. Weißdorn, Schlehe usw. Zum anderen

Direkte Nisthilfen für Freibrüter sind:
– Reisighaufen
– Nisttaschen
– Nistquirle

Anlage einer Nisttasche

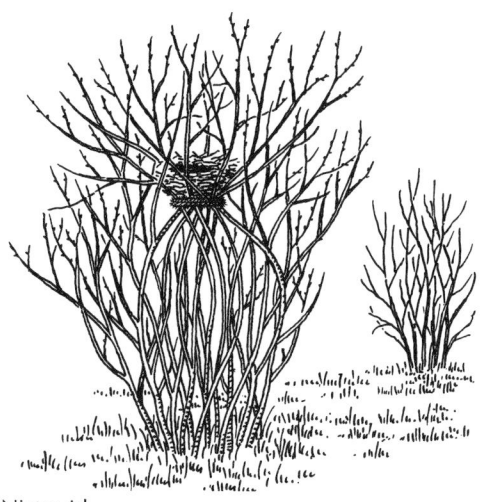

Nistquirl

Vogelschutzgehölze bieten Vögeln außer einem Schutz vor Feinden auch eine Nahrungsgrundlage im Winter

Heimische Vögel im Garten

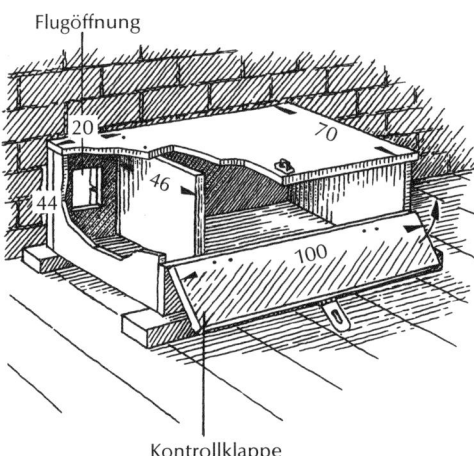

Manchmal wagen sich sogar Eulen in Gärten vor

Steinkauzröhre (Maßangaben in cm)
Fluglochdurchmesser 6,8 cm

Besonders gefährdet sind Steinkäuze und Schleiereulen

Flugöffnung

Kontrollklappe

▷ Solche Steinkauzröhren kann man selbst bauen

Erst wenige Tage sind diese Steinkäuze alt

Eulenbrutkasten (Maßangabe in cm)

sind es Gehölze, die wegen ihrer Früchte den Vögeln insbesondere im Herbst und während der Wintermonate, in denen die Ernährung über Insekten ausbleibt, als Nahrungsgrundlage dienen, z. B. Vogelbeere, Roter Hartriegel, Pfaffenhütchen, Liguster, Schlehe, Sauerdorn etc.

Eulen

Bestimmte Eulenarten suchen häufig die Nähe von menschlichen Ansiedlungen und sind deshalb mitunter auch in den Gärten anzutreffen, die am Stadtrand liegen. Da einige dieser Vogelarten stark gefährdet sind, ist es geradezu die Pflicht des naturschützenden Gärtners, etwas für ihren Erhalt zu tun.

Besonders hervorgehoben seien an dieser Stelle die Steinkäuze (*Athene noctua*) und die Schleiereulen (*Tyto alba*), deren Bestände durch die Vernichtung ihrer Brutplätze stark vermindert wurden. Da beides Höhlenbrüter sind, kann man ihnen spezielle Nistkästen anbieten und sie so im eigenen Garten fördern.

Für Steinkäuze gibt es sogennante Steinkauzröhren, die man selbst bauen kann. Sie werden an waagerechten Ästen von Bäumen in 3 bis 5 m Höhe aufgehängt. An der Innenwand von Gebäuden werden die Eulenbrutkästen angebracht, deren seitlicher Eingang direkt nach draußen führen sollte.

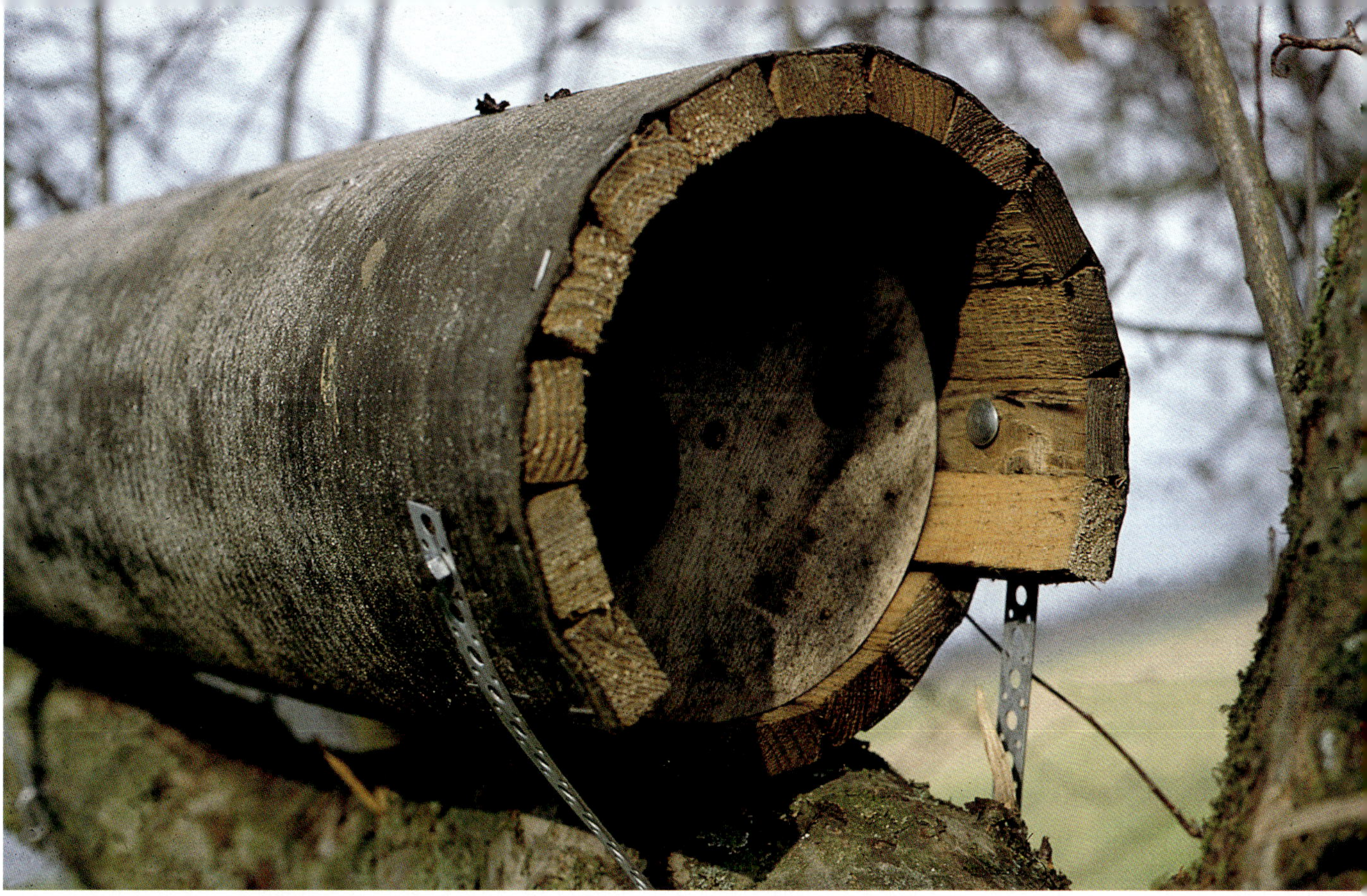

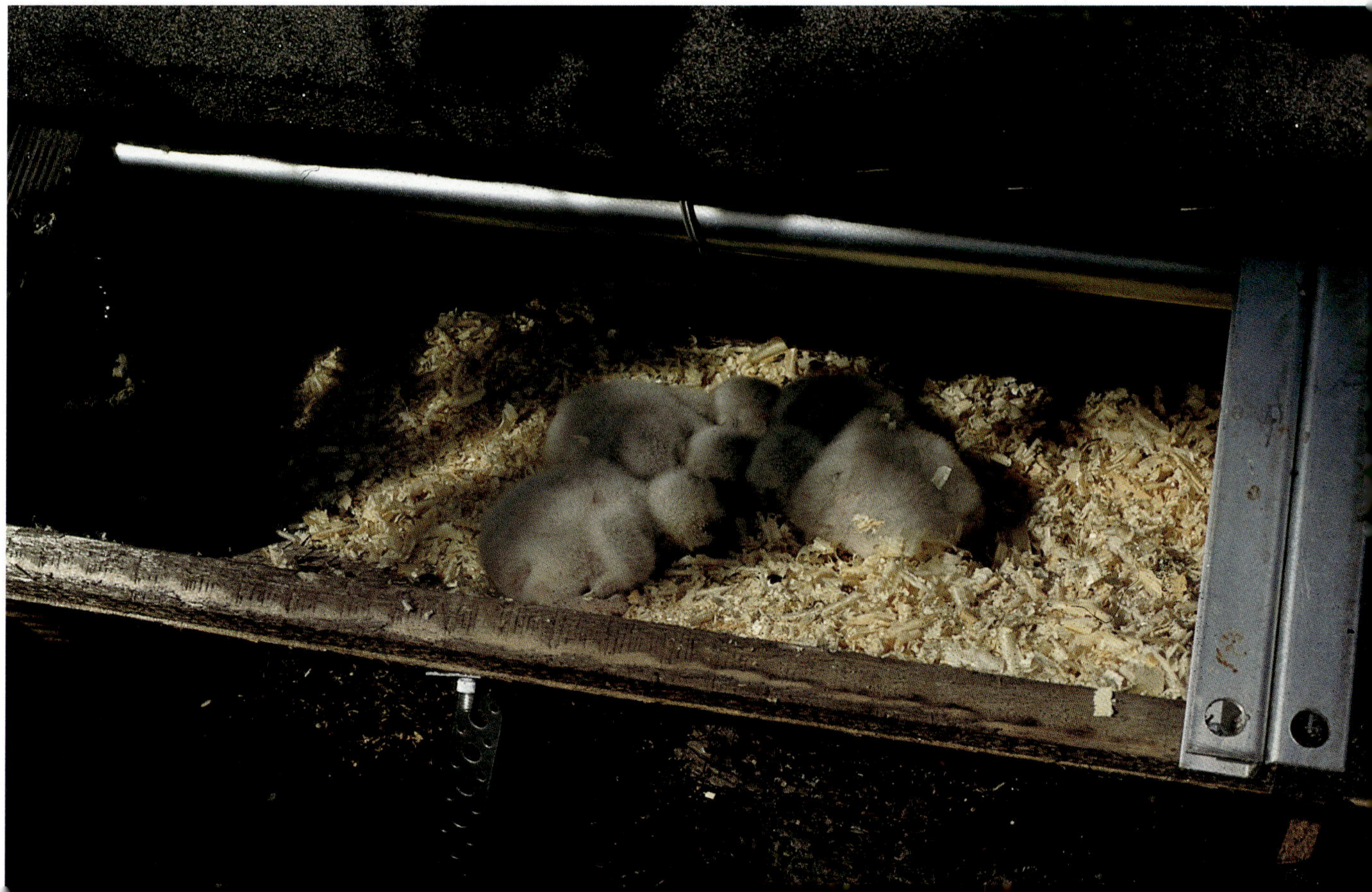

Die Wechselkröte ist relativ selten in einem
Gartenteich anzutreffen

Amphibien und Reptilien im Garten

Amphibien und Reptilien sind wechselwarme Tiere, ihre Körpertemperatur steht in Abhängigkeit zur Temperatur ihrer Umgebung. Daher ist ihre Verbreitung in den Tropen besonders arten- und individuenreich, während es in unseren Breiten nur wenige Vertreter der Reptilien- und Amphibienarten gibt, denen die Anpassung an unsere klimatischen Verhältnisse gelungen ist. Durch die Industrialisierung unserer Landschaften wurden die Lebensräume von Amphibien und Reptilien immer weiter eingeschränkt und zerstört.
Trotz der Anstrengungen des Natur- und Umweltschutzes mußten viele dieser Arten in »Roten Listen« aufgenommen werden, weil sie vom Aussterben bedroht sind und sich ihr Vorkommen nur noch auf die wenigen Naturschutzgebiete und naturnahen Räume Deutschlands beschränkt. Deshalb gebührt den wenigen, unsere Gärten aufsuchenden, Amphibien- und Reptilienarten ganz besonderer Schutz. Jeder naturliebende Gartenbesitzer sollte bereit sein, geeignete Lebensräume in seinem Garten zu schaffen, um einen sinnvollen Beitrag zum Erhalt dieser bedrohten Arten zu leisten.

Amphibien und Reptilien im Garten

Amphibien

Bei den 19 heimischen Amphibienarten unterscheidet man schwanzlose Lurche, zu denen die Frösche, Kröten und Unken zählen, und Schwanzlurche, zu denen lediglich die verschiedenen Molch- und Salamanderarten gehören. Da sich bei allen Amphibien die Fortpflanzung, sowie die Entwicklung vom Ei bis zum ausgebildeten Jungtier (Metamorphose) im Wasser abspielt, kann auch mit einem Gartenteich ein vielfältiger neuer Lebensraum für einige dieser bedrohten Tierarten geschaffen werden.

Damit Amphibien einen Gartenteich als Biotop annehmen, »kopiert« man am besten die Natur selber: flache, sanft geschwungene Ufer mit einer ausgedehnten Sumpfzone bilden verschiedene Lebensräume für die unterschiedlichsten Pflanzen und Tiere. Die Größe des Teiches ist beliebig; je größer, desto besser. Ein artenreiches Tier- und Pflanzenleben kann sich erst ab einer Mindestgröße von 20 m² entwickeln. Aber auch ein kleiner Teich bereichert und belebt den Garten. An einer Stelle im Gartenteich sollte die Tiefe mindestens 80 bis 100 cm betragen, damit die Wasserlebewesen, aber auch Jungmolche und Frösche im Schlamm frostfrei überwintern können.

Bei der Bepflanzung des Teiches und der näheren Umgebung orientiert man

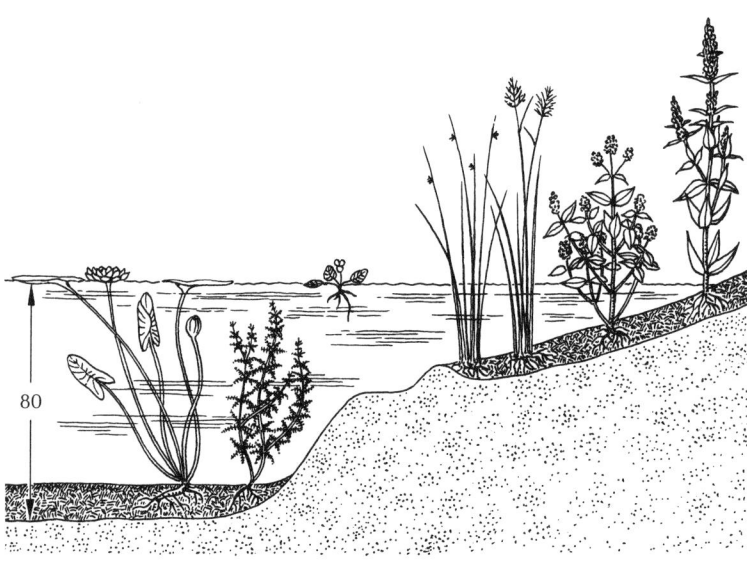

Schnitt durch einen Gartenteich
(Maßangaben in cm)

sich am besten wieder an der Natur: heimischen Pflanzen sollte der Vorzug vor Exoten eingeräumt werden, weil sich so am ehesten eine stabile Lebensgemeinschaft entwickelt. Ein geeigneter Platz für den Gartenteich ist vormittags sonnig und nachmittags möglichst beschattet, um Tieren und Pflanzen gleichermaßen gute Bedingungen zu bieten.

Die Besiedlung des Teiches mit Fröschen, Kröten und vielleicht sogar Molchen kann man getrost der Natur selber überlassen. Nach ein paar Jahren werden sich Amphibien einfinden, wenn der Gartenteich Zuwanderungsmöglichkeiten aus dem Umland hat. Eine Fremdbesiedlung durch die Entnahme von Laich sowie Kaulquappen aus Seen, Weihern und Tümpeln oder sogar das Fangen von Amphibien ist streng verboten. Wer die Besiedlung mit Lurchen beschleunigen will, bittet lieber einen anderen Gartenteichbesitzer um Hilfe. Ein Eimer Teichwasser aus einem eingewachsenen Gartenteich, der auch Amphibienlaich enthält, forciert die Entwicklung von tierischem und pflanzlichem Leben im eigenen Teich ganz enorm.

Um diese Entwicklung nicht nachhaltig zu stören, sollte möglichst ganz auf den Einsatz von Fischen im naturnahen Gartenteich verzichtet werden. Alle Fischarten, fleisch- sowie überwiegend pflanzenfressende Arten, tragen mit ihrem Kot zur übermäßigen Eutrophierung (Nährstoffanreicherung) des

Pflanzenbeispiele für verschiedene Bereiche des Wassergartens

	Lichtbedarf	Wasserstand in cm	Wuchshöhe in cm
Uferpflanzen			
Binse, *Juncus compressus*	sonnig-halbschattig		20–30
Hahnenfuß, *Ranunculus flammula*	sonnig-halbschattig		25–50
Pfennigkraut, *Lysimachia nummularia*	sonnig-halbschattig		5–10
Blutweiderich, *Lythrum salicaria*	sonnig-halbschattig		80–100
Wiesenknöterich, *Polygonum bistorta*	sonnig-halbschattig		30–60
Wasserpflanzen			
Igelkolben, *Sparganium simplex*	sonnig-halbschattig	10–30	30–50
Pfeilkraut, *Sagittaria sagittifolia*	sonnig-halbschattig	30–50	60–80
Wasserminze, *Mentha aquatica*	halbschattig	5–10	15–20
Weiße Teichrose, *Nymphaea alba*	sonnig-halbschattig	80–100	80–100
Schwimmpflanzen			
Schwimmendes Laichkraut, *Potamogeton natans*	sonnig-halbschattig	bis 100	60–150 lang werdend
Gemeines Hornblatt, *Ceratophyllum demersum*	sonnig-halbschattig	50–100	über 100 lang werdend
Unterwasserpflanzen			
Tausendblatt, *Myriophyllum spicatum*			

Lurche und ihr Laich dürfen nicht aus Naturgewässern entnommen werden

Keine Fische im naturnahen Gartenteich!

Amphibien und Reptilien im Garten

Fischteichhälfte durch ein Weidengeflecht von der Lurchteichhälfte getrennt

Frösche gehören zu den schwanzlosen Lurchen, die zur Fortpflanzung Gewässer aufsuchen

Gartenteiche werden meist nur von Grün- und Braunfröschen besucht

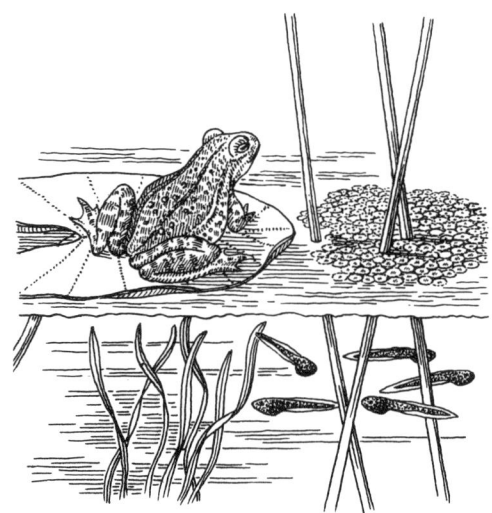

Frosch mit Laich und Kaulquappen

Teiches bei. Fische und Lurche werden auf längere Sicht nicht gemeinsam in einem Gartenteich überleben können, dazu fressen alle Fischarten den Laich von Amphibien zu gerne. Wer jedoch unbedingt Fische in seinem Garten ansiedeln will, sollte einen separaten Fischteich oder ein Fischbecken einrichten.

Frösche
Die wohl auffälligsten Tiere, die sich am Gartenteich einfinden können, sind die Frösche. Ihr unüberhörbares Quaken während der Paarungszeit erfreut jeden Naturliebhaber. Frösche sind schwanzlose Lurche, die zur Fortpflanzung unsere Gewässer aufsuchen. Die Weibchen legen während der Laichzeit von April bis Mai mehrere tausend Eier ab, die — von einer Gallertschicht geschützt — an der Wasseroberfläche schwimmen. Kurze Zeit später schlüpfen die bekannten Kaulquappen und in den folgenden Monaten entwickelt sich ein fertiger Frosch. An unserem Gartenteich werden sich in der Regel nur Arten einfinden, die zur Gruppe der Grünfrösche oder Braunfrösche gehören. Diese beiden Gruppen kommen in Europa am häufigsten vor und unterscheiden sich in Färbung und Lebensweise voneinander. Frösche sind sicher keine so nützlichen Schädlingsbekämpfer wie z. B. die Kröten. Sie fressen zwar auch Schnecken, Würmer, Spinnen und Raupen, sind aber hauptsächlich für die Dezimierung von eher lästigen Insek-

ten wie Mücken, Bremsen und Fliegen sehr hilfreich.

● Brauner Grasfrosch (*Rana temporaria*) In ihrer natürlichen Umgebung leben die Grasfrösche bevorzugt an sonnigen, pflanzenreichen Gewässern mit schattigen Verstecken am Uferrand, aber auch an feuchten Stellen im Flachland und im Gebirge. Braune Grasfrösche, die im Höchstfall 10 cm lang werden, sind leicht an ihrem schwarzen, rautenförmigen Fleck hinter den Augen zu erkennen. Schon bald nach der Schneeschmelze, wenn die Paarungszeit beginnt, erscheinen die Grasfrösche an unseren Teichen. Dann locken die graubraun bis hellbraun gefärbten Männchen mit knurrenden Geräuschen die braungelben Weibchen an. Grasfrösche bleiben nur zur Laichzeit im Wasser; danach kann man sie überall im Garten antreffen. Zur Nahrungssuche sind sie vor allem am Tage und in der Dämmerung aktiv, verstecken sich aber bei allzu großer Hitze unter Steinen oder schützenden Pflanzen. Ihr Winterquartier finden sie am Teichgrund oder in Erdhöhlen in der Nähe des Teiches.

● Grüner Teichfrosch (*Rana esculenta*) Die hell- bis dunkelgrün gefärbten Tiere leben ganzjährig an Seen und Teichen. Zum Sonnen verweilen sie gerne am Ufer oder auf Blättern von Wasserpflanzen, tau-

Brauner Grasfrosch (*Rana temporaria*)

Grasfrösche sind gut an ihrer Zeichnung zu erkennen

Grüner Teichfrosch (*Rana esculenta*)

Sie überwintern in geeigneten, frostfreien Quartieren

Amphibien und Reptilien im Garten

Ihre Fortpflanzungszeit wird von lautem Quaken begleitet

Gartenteich mit Wasser- und Uferbepflanzung

Beim Jagen wollen Jungfrösche ungestört sein

Im Garten wird meist nur die Erdkröte heimisch

Wechselkröte (*Bufo viridis*)

chen aber bei der geringsten Gefahr sofort unter. Sie sind erstaunlich gute, kraftvolle Schwimmer und mit einer Körperlänge von 9 bis 12 cm meist etwas größer als Grasfrösche. In der Paarungszeit von Mai bis Juni erklingt jede Nacht ihr lautes Gequäke, das schon so manchem den Schlaf geraubt hat. Erstaunlich groß ist die Anzahl der Eier, die ein Weibchen produziert – bis zu 11000 werden zwischen Wasserpflanzen abgelegt. Teichfrösche lieben große Gewässer mit üppiger Ufervegetation, aber auch kleinere Teiche mit reichem Pflanzenwuchs werden gerne von ihnen angenommen. Die jungen Tiere sind etwas schreckhaft. Sie brauchen Ruhe, um ungestört ihrer Beute nachstellen zu können. Wie Grasfrösche überwintern auch sie am Teichgrund oder in nahen Erdhöhlen.

Kröten

Von den in Deutschland heimischen Krötenarten ist im Garten meist nur mit der recht weit verbreiteten, braunen Erdkröte zu rechnen. Die seltene Wechselkröte und die Kreuzkröte bevorzugen als Laichplätze besonnte, dennoch vegetations- und nährstoffarme Gewässer, die im Garten kaum anzutreffen sind. Gleiches gilt für die Geburtshelferkröte und die in Sandgebieten heimische Knoblauchkröte.

Viele Menschen stehen **Erdkröten** (*Bufo bufo*) ablehnend gegenüber oder ekeln sich sogar vor ihnen. Bei Berührung ihrer warzigen Haut soll man angeblich sogar Warzen bekommen. Dieses Schauermärchen hat wohl seinen Ursprung in der Tatsache, daß Kröten bei Gefahr aus ihren Ohrdrüsen ein milchiges Sekret absondern, das beim Menschen zu Schleimhautreizungen führen kann. Auf potentielle Freßfeinde wirkt der Saft abstoßend, so daß er Erdkröten einen guten Schutz vor dem Gefressenwerden bietet. Aber auch die Erdkröte hat natürliche Feinde: Todfeind aller Kröten ist die Krötenfliege. Dieser Parasit legt seine Eier in der Nackenhaut der Kröte ab. Die Fliegenmaden dringen über die Nasenlöcher ins Gehirn ihres Opfers ein und ernähren sich von dem Gewebe, bis die Kröte stirbt. Der Naturgärtner hingegen ist hoch erfreut, wenn er in seinem Garten Erdkröten entdeckt — vertilgen doch diese Tiere mit den hübschen braunen Augen große Mengen an Nacktschnecken, Würmern und Insektenlarven.

Da Erdkröten erst am späten Abend aus ihren Tagesverstecken hervorkommen, um auf Jagd zu gehen, erfahren viele Gartenfreunde erst im Frühjahr von der Anwesenheit der Kröten, wenn sie sich im Gartenteich lautstark zur Paarung treffen. Ihre Paarungszeit beginnt schon ab Mitte März bis Mitte April. Meist treffen die Männchen zuerst ein und warten mit unaufdringlichen Rufen auf das Kommen der Weibchen. Diese kommen dann sogar häu-

Erdkröte (*Bufo bufo*)

Das giftige Sekret der Ohrdrüsen schreckt erfolgreich Freßfeinde ab

Der natürliche Feind aller Kröten ist die Krötenfliege

Erdkröten dezimieren viele Schadinsekten und Nacktschnecken

Krötenweibchen und Krötenmännchen im „Huckepack"

In der Paarungszeit tragen Weibchen die Männchen zum Laichgewässer

Amphibien und Reptilien im Garten

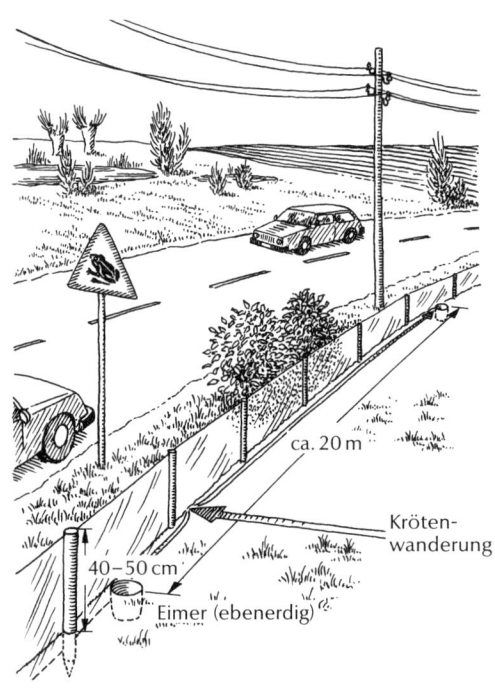

ca. 20 m

Kröten-
wanderung

40–50 cm

Eimer (ebenerdig)

**Männchen sind deut-
lich in der Überzahl**

Sogenannte Krötenfangzäune schützen die
wandernden Kröten davor, von Autos über-
fahren zu werden

**Rivalen werden
hart bekämpft**

**Das Weibchen legt
Laichschnüre**

fig mit den viel kleineren Männchen
»huckepack« zum Teich.

Da die viel größeren, schwerfälligeren
Weibchen auf ihrem langen Weg zum
Laichgewässer beim Kreuzen von Straßen häufig von Autos erfaßt werden,
gibt es in manchen Gegenden gar
keine Weibchen mehr. An besonders
befahrenen Straßen sieht man zur Zeit
der Krötenwanderung deshalb öfter
Schutzzäune. In Abständen sind Eimer
eingegraben. Bei Einbruch der Dämmerung bringen Naturschutzhelfer die
so versammelten Krötenpaare gefahr-
los über die Straße. Manchmal gelangen die Tiere auch durch Röhren auf
die andere Straßenseite, um dann ihre
Wanderung zum Laichgewässer fort-
zusetzen. Normalerweise kommen
auf ein Weibchen etwa 7 bis 8 Männchen. So verwundert es nicht, daß um
die wenigen Weibchen hart gerungen
wird.
Hat sich ein Männchen erstmal an einem Weibchen festgeklammert, so
läßt er es nicht mehr los. Heranrük-
kende Nebenbuhler werden auf das
heftigste mit den Hinterbeinen abgewehrt. Dabei kann es passieren, daß
das Weibchen durch des Männchens
festen Griff verletzt wird.

Nach der Paarung im April laicht das
Weibchen in langen, zwei- bis drei-
reihigen Laichschnüren ab, die es
kunstvoll um Schilf, Tannenwedel oder
andere Wasserpflanzen wickelt. Eine
Laichschnur enthält etwa 2000 Eier, aus

denen nach 3 Monaten pechschwarze Kaulquappen schlüpfen. Obwohl auch die Krötenquappen durch ein giftiges Hautsekret vor Fischen – auf die man am besten im Naturgarten verzichtet – sicher sind, kommt es nicht zu einer Massenvermehrung. Viele Wasserinsekten und Libellenlarvenarten, die auch die erste Zeit ihres Lebens im Wasser verbringen, aber auch Gelbrandkäfer und Vögel, fressen mit Vorliebe Kaulquappen. Sie tragen so zur notwendigen Dezimierung der Individuenanzahl bei, die dem zur Verfügung stehenden Lebensraum angemessen ist.

Wasserinsekten und Vögel verhindern eine Massenvermehrung der Krötenquappen

Laichschnüre der Kröten

Nach der etwa 3 Monate dauernden Entwicklung (Metamorphose) gehen die winzigen Kröten an Land. Nur wenige von ihnen erreichen die Geschlechtsreife nach 3 bis 4 Jahren.
Nach erfolgreicher Eiablage wandern die Kröten wieder in ihre angestammten Lebensräume ab, bis sie im nächsten Frühjahr erneut zum Laichen den Gartenteich aufsuchen.
Kröten halten ihren Laichgewässern dauerhaft die Treue. Werden sie auf ihren Wanderungen nicht von einem Auto getötet oder kommen auf natürliche Weise um, finden sie sich Zeit ihres Lebens an demselben Laichgewässer ein.

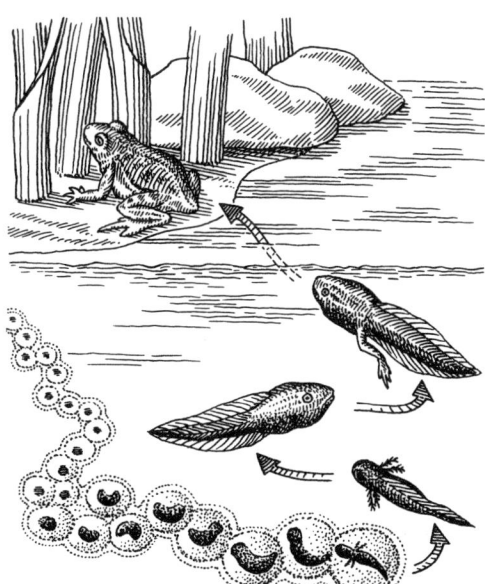

Nach 3 bis 4 Jahren sind Kröten geschlechtsreif

Kröten kommen zeitlebens zum gleichen Laichgewässer

Entwicklung einer Kröte

Will man die standorttreuen Tiere auch über die Laichzeit hinaus im Garten ansiedeln, so muß ein Großteil des restlichen Gartens eine gute Bodenbedek-

Amphibien und Reptilien im Garten

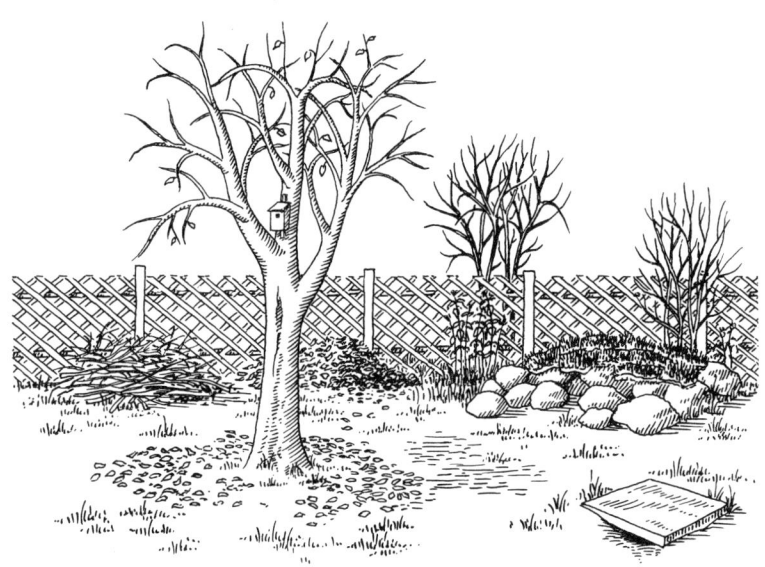

Verschiedene Unterschlupfmöglichkeiten für Kröten lassen sich im Garten einrichten

kung aus Gräsern, Stauden, Sträuchern und eine schützende Laubstreuschicht aufweisen. Komposthaufen, Reisighaufen und mit Grassoden abgedeckte Steinhaufen dienen den Kröten und allen anderen schwanzlosen Lurchen als Tagesversteck oder sogar als Winterquartier. Mit einer ausrangierten Holz- oder Steinplatte läßt sich ein Winterversteck für Amphibien auch selbst bauen. In einer feuchten, ungestörten Gartenecke formt man eine flache, nach unten etwas abfallende Mulde, die mit einer Holz- oder Steinplatte abgedeckt wird, so daß der kleine Eingang sichtbar bleibt. Im Winter kann man unbesorgt nachschauen, ob sich Kröten und Frösche zur Winterruhe eingefunden haben.

Molche

Molche (*Triturus*) gehören zu den sogenannten Schwanzlurchen. Während der Fortpflanzungszeit bevorzugen sie tiefe, klare, fischfreie Gewässer mit reichhaltigem Pflanzenbewuchs und sind, wie alle Amphibien gegen Trockenheit und hohe Wassertemperaturen empfindlich. Bereits im März, wenn die Gewässer eisfrei sind, verlassen die Tiere ihre Winterquartiere und besiedeln Tümpel und Teiche.

Von April bis Mai läßt sich in den Flachwasserzonen des Teiches sehr gut ihr Paarungsspiel beobachten: Die Männchen tragen jetzt ein farbenprächtiges »Hochzeitskleid« und umwerben mit gekonnten tänzerischen Bewegungen ihre Partnerinnen.

Molche bevorzugen fischfreie Gewässer

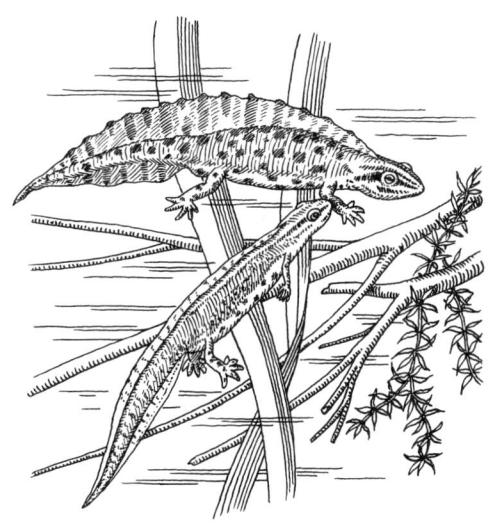

Während der Paarungszeit kann man das interessante Liebesspiel der Molche beobachten

Paarungstanz der Molche

Nach Beendigung der Paarung gehen die Tiere getrennte Wege. Das Weibchen beginnt in den folgenden Wochen mit dem Ablaichen, wobei es einzelne Laichballen an Pflanzenstengel und an die Unterseite von Pflanzenblättern heftet. Nach 14 Tagen schlüpfen die ersten Larven. Die durchsichtigen Kaulquappen besitzen bereits die längliche Körperform, und hinter dem Kopf befinden sich die auffällig aufragenden Kiemenbüschel, die im Laufe der Entwicklung zurückgebildet werden. Im Juli ist die Metamorphose meist vollständig abgeschlossen und die Jungmolche sind jetzt dank der ausgebildeten Lungen- und Hautatmung auch am Land lebensfähig.

Jetzt folgen die Jungmolche allmählich den Alttieren und verlassen zeitweise die Teiche, um nachts in der Umgebung auf Nahrungssuche zu gehen. Bei feuchtwarmer Witterung sind Molche besonders aktiv.

Ab August bis September begeben sich die Altmolche endgültig an Land und verstecken sich tagsüber in Hekken oder unter Steinen, Moos und Baumwurzeln. Zum Überwintern suchen sie sich einen frostsicheren Platz am Boden; manche Jungmolche verbleiben aber auch im Bodenschlamm des Teichgrundes.

Molche sind die unauffälligsten Amphibien im Garten und führen ein recht verborgenes Leben. Auf ihren nächtlichen Beutezügen jagen sie hauptsäch-

Entwicklung eines Molches

Nach Beendigung der Metamorphose ist der Molch auch an Land lebensfähig

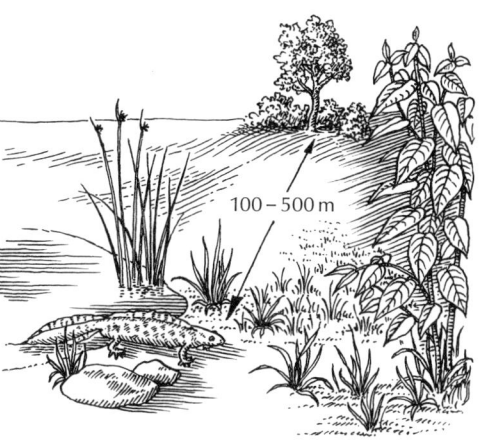

100 – 500 m

Molche ziehen je nach Art bis zu 500 m an Land ins Winterquartier

Molche überwintern an Land oder am Teichgrund

65

Amphibien und Reptilien im Garten

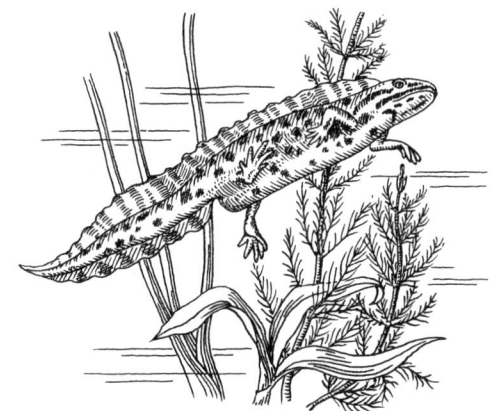

Teichmolch (*Triturus vulgaris*)

Fadenmolch (*Triturus helveticus*)

lich nach kleinen Nacktschnecken, Würmern und verschiedenen, am Boden lebenden Insekten.

Im Wasser stellen sie vor allem Kleinkrebsen und Würmern nach, sind aber auch an der Dezimierung von verschiedenen Insektenlarven beteiligt. Da sich der Lebensraum von Molchen auf Wasser und Land erstreckt, sind sie äußerst nützliche Schädlingsbekämpfer.

Am häufigsten kommen **Teichmolche** (*Triturus vulgaris*) im Gartenteich vor. Da sie im Vergleich zu ihren Artgenossen geringere Ansprüche an den Lebensraum stellen und sich besonders gut anpassen können, sind Teichmolche am weitesten verbreitet.

Die oliv- bis braunfarbenen, mit schwarzen Flecken besetzten Tiere erreichen eine Körperlänge von 10 cm. Sind sie erstmal im Gartenteich heimisch geworden, so ist mit ihrem alljährlichen Wiederkehren zu rechnen.

Im höheren Bergland im Südwesten Deutschlands ist der **Fadenmolch** (*Triturus helveticus*) beheimatet, während er im Norden nicht vorkommt.

Die größte heimische Molchart ist der **Kammolch** (*Triturus cristatus*), der eine Körperlänge von bis zu 18 cm erreichen kann. Leider mußte er in der »Roten Liste« erfaßt werden, weil er als besonders stark gefährdete Molchart nur noch in wenigen größeren Gewässern anzutreffen ist.

Reptilien

In Deutschland existieren noch insgesamt 12 heimische Reptilienarten; die meisten davon sind stark gefährdet oder gar vom Aussterben bedroht. Verantwortlich dafür ist die Zerstörung ihrer Biotope durch den Menschen. Straßenbau, Zersiedlung der Landschaften, Flurbereinigung, synthetischer, chemischer Pflanzenschutz und Schädlingsbekämpfung in der Landwirtschaft sorgen dafür, daß geeignete Lebensräume mit einem reichhaltigen Nahrungsangebot für Reptilien Tag für Tag geringer werden und dadurch zu einem allmählichen Verschwinden dieser Tierarten aus unseren Landstrichen führen oder schon geführt haben. Auch wenn Reptilien mittlerweile ziemlich seltene Gartenbewohner geworden sind, sollte doch alles dafür getan werden, den gefährdeten Tieren einen Lebensraum im eigenen Garten einzuräumen.

Zu den bedeutendsten heimischen Reptilien zählen Blindschleiche, Kreuzotter und Ringelnatter, Wasserschildkröte und Eidechse.

In freier Natur besiedeln sie hauptsächlich sonnenreiche Waldränder, Steinbrüche und Bruchsteinmauern, aber auch die Umgebung von Teichen, Tümpeln und größeren Gewässern wird gerne von ihnen als Lebensraum gewählt.

Das Vorkommen von Ringelnattern (*Natrix natrix*) und Kreuzottern (*Vipera*

Die meisten heimischen Reptilien sind vom Aussterben bedroht

Ursache: Vernichtung ihrer Nahrungsgrundlage und Biotope durch den Menschen

Ringelnatter (*Natrix natrix*) und Kreuzotter (*Vipera berus*) [v. l. n. r.]

Sonnenreicher Waldrand: Lebensraum für Reptilien in freier Natur

Amphibien und Reptilien im Garten

Eidechsen und Blindschleichen besiedeln auch Gärten

Voraussetzung: Geeignete Biotope und Zuwanderungsmöglichkeiten

Verwilderte Gartenbereiche sind ideale Lebensräume für Eidechsen

Trockenmauer: Lebensraum für Reptilien im Garten

berus) beschränkt sich auf die wenigen Naturschutzgebiete Deutschlands. Eidechsen (*Lacerta*) und Blindschleichen (*Anguis fragilis*) sind gegenwärtig noch weiter verbreitet und deshalb bisher relativ oft als Gäste im Garten anzutreffen.

Grundvoraussetzung hierfür sind natürlich einerseits die Existenz der Tiere im Umland und das Vorhandensein einer »natürlichen Brücke«, die ein gefahrloses Erreichen des Gartens ermöglicht. Andererseits müssen im Garten geeignete Biotope angeboten werden, die dem natürlichen Lebensraum der Reptilien entsprechen. Steingärten, Halbtrockenhänge oder Natursteinmauern in Verbindung mit lebendiger »Unordnung« sind Lebensräume, in denen sich die Reptilien gerne zeigen. Verwilderte, ungestörte Bereiche mit möglichst vielfältiger Fauna und Flora dienen nicht nur der Verbesserung des ökologischen Gleichgewichts im Garten, sondern stellen gleichzeitig einen wertvollen Beitrag zum Naturschutz dar. Sie wirken deshalb sehr anziehend auf unsere Reptilien und gelten als eine wirkungsvolle Maßnahme zur Ansiedlung dieser interessanten, leider selten gewordenen Tierart.

Zauneidechsen

Die Zauneidechse (*Lacerta agilis*) erreicht eine Länge von 20 bis 30 cm und ist nicht ganz so flink und geschickt, wie andere Eidechsen. Sie ist von bräunlicher Farbe, und nur während der Fortpflanzung verfärbt sich das

Männchen an den Seiten grün, das Weibchen gelblich mit schwarzen Punkten. Zauneidechsen leben in heckenreichen, sonnigen Gegenden, an warmen Böschungen und Mauern. Ihre Nahrung besteht aus Insekten, Würmern, Schnecken und Spinnen. Sie gehen zur Beutejagd auch gerne ans Wasser. Nach der Paarungszeit zwischen April und Juni legt das Weibchen 6 bis 12 pergamentschalige Eier in Erdmulden; 2 Monate später schlüpfen die Jungechsen, die sofort selbständig sind. Im Winter suchen sich Eidechsen frostfreie, etwa einen halben Meter tiefe Erdlöcher, in denen sie etwa ein halbes Jahr in Kältestarre verbringen. Die Winterruhe dauert in Mitteleuropa gewöhnlich von September/Oktober bis März/April.

Zauneidechsen leben an Mauern und Böschungen

Zauneidechse (*Lacerta agilis*)

Nach dem Schlüpfen sind die jungen Echsen sofort selbständig

Mauereidechsen

Die schlanken, bräunlichen Mauereidechsen (*Lacerta muralis*) halten sich vorwiegend an den Steinmauern der Gärten und Weinberge auf. In Deutschland sind sie hauptsächlich im Rheingebiet und in Oberbayern beheimatet. Die überaus geschickten Kletterer machen Jagd auf Spinnen und zahlreiche Insekten und verteidigen ihre Reviere energisch gegen andere Eidechsen.

Mauereidechse (*Lacerta muralis*)

Mauereidechsen leben bevorzugt in Weinbergen

Blindschleichen

Die zur Familie der Schleichen gehörenden Gemeinen Blindschleichen (*Anguis fragilis*) werden wegen ihres

Blindschleichen sind keine Schlangen

Amphibien und Reptilien im Garten

Blindschleichen bevorzugen feuchte Lebensräume – sie meiden offene, vegetationslose Landschaft

Blindschleiche (*Anguis fragilis*)

Blindschleichen sind nützliche Insektenvertilger

Das Weibchen bringt lebende Junge zur Welt

Häufig überwintern Blindschleichen in Gruppen

▷ Einen trockenen, sonnigen Platz hat diese Zauneidechse gefunden

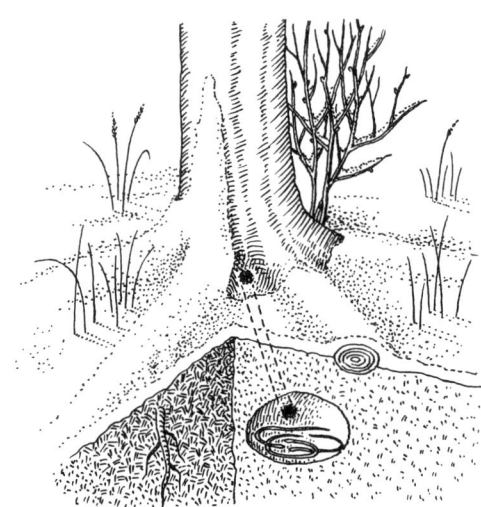

Winterquartier für Blindschleichen

Aussehens immer noch von vielen Menschen mit Schlangen verwechselt und rücksichtslos getötet, obwohl sie sich durch bewegliche Augenlider und verhornte Leisten anstatt Zähnen deutlich von echten Schlangen unterscheiden.

Die im Höchstfall einen halben Meter langen, braunen, zierlichen Tiere bevorzugen Biotope, die ein gewisses Maß an Bodenfeuchtigkeit und deckungsreiche Vegetation bieten. Sie meiden völlig offene, schattenlose, heiße Lebensräume. Häufig trifft man sie in Mooren, Wäldern, in Grasland und buschigen Hängen, aber auch an Ackerrändern, Wiesen und Parks. Tagsüber liegen sie unter Steinen, Holz oder totem Laub. Aktiv werden Blindschleichen hauptsächlich am späten Nachmittag und Abend, aber auch bei feuchtem Wetter gehen die Tiere gerne auf Jagd. Ihre Hauptnahrung bilden kleine Nacktschnecken und Regenwürmer. Auch Asseln und andere Kleininsekten werden erbeutet. Von April bis Mai findet die Paarung statt, und drei Monate später bringt das lebend gebärende Weibchen 8 bis 12 Junge zur Welt. Von Oktober bis Anfang November machen sich die Tiere auf die Suche nach einem geeigneten Winterquartier. Oft finden sich dann mehrere Tiere in Maus- oder Erdlöchern, unter dicken Wurzeln oder in selbst gegrabenen Erdröhren zusammen, um nach Altersklassen übereinander geschichtet den Winter zu überdauern.

Insekten – die artenreichste Tiergruppe

Weltweit gibt es mehr als eine Million Insektenarten. Dies entspricht ca. 75 Prozent aller Tierarten. Insekten sind somit die artenreichste Gruppe im Tierreich. Auch in Mitteleuropa machen die 30 000 verschiedenen Insektenarten den größten Anteil aller Tierarten aus. Charakteristisch für Insekten ist die Einteilung ihres Körpers in drei Abschnitte, den Kopf, die Brust und den Hinterleib. Diese Abschnitte sind meistens deutlich durch Kerben voneinander getrennt (Kerbtiere). Weiterhin ist der Besitz von 6 Beinen für Insekten typisch. Die meisten Insekten haben darüber hinaus Flügel; nur die einfachsten Formen sind flügellos.

Während ihres Lebens durchlaufen Insekten verschiedene Entwicklungsformen. Die Arten mit einer unvollkommenen Entwicklung durchlaufen ein Ei- und ein Larvenstadium, bevor sie erwachsen sind. Die Insektenarten mit einer vollkommenen Entwicklung durchleben dagegen nach dem Larvenstadium zusätzlich ein Puppenstadium. Während dieser Zeit sind die Tiere bewegungslos, nehmen keine Nahrung auf und entwickeln sich dabei zum erwachsenen Tier.

Die Insektenarten, die im Garten zu entdecken sind, haben die Menschen in Schädlinge und Nützlinge eingeteilt. Von ihnen werden im folgenden die wichtigsten in einer der in der Biologie benutzten Systematik entsprechenden Reihenfolge vorgestellt.

◁ Viele Insekten sind ausgesprochen nützliche Helfer, weil sie Schädlinge vertilgen oder Blüten bestäuben

l. o. Florfliege

l. m. Ohrwurm

l. u. Schwebfliege

r. o. Hummel

r. m. Bienen

r. u. Marienkäferlarve (mit Puppen und erwachsenem Tier)

Insekten – die artenreichste Tiergruppe

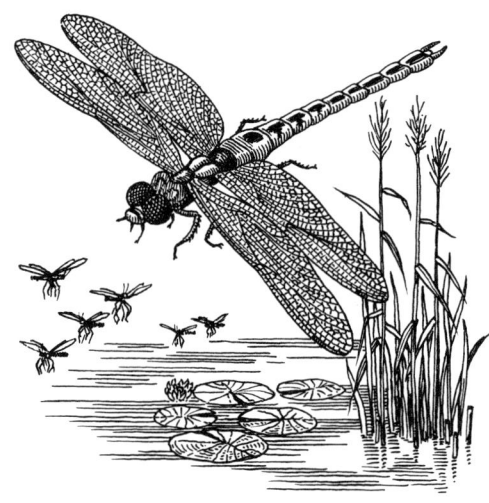

**Als regelrechte Flug-
künstler kann man die
Libellen bezeichnen**

Libellen

Wer kennt sie nicht, diese Flugkünstler, die mit ungeheuren Geschwindigkeiten durch den Garten fliegen und dann im nächsten Moment urplötzlich in der Luft stehen bleiben: die Libellen (*Odonata*). Wegen ihrer Eleganz beim Fliegen und ihrer auffälligen, häufig metallisch glänzenden Farben zählen sie zu den schönsten Insekten. Libellen scheinen fast alles im Flug zu erledigen. So fangen und fressen sie ihre Nahrung fliegend. Zu ihrer Beute gehören kleine Insekten, z. B. Mücken, die häufig in Schwärmen über Wasseroberflächen schweben. Aber auch viele Schadinsekten werden von ihnen gefangen. Dabei ist ihre Sehfähigkeit gar nicht so gut. Trotz der großen Komplexaugen, die sich aus tausenden von Einzelaugen zusammensetzen, reicht die Sehschärfe der Libellen nur wenige Meter. Im Vergleich zu anderen Insektenarten ist das aber noch sehr viel.

Auch die Paarung findet im Flug statt und bei einigen Libellenarten sogar die Eiablage. Ihre Eier legen Libellen entweder direkt in Gewässern oder an Wasserpflanzen ab. Die Larven wachsen im Wasser auf und durchlaufen während dieser Phase etliche Entwicklungsstadien, in denen sich ihre Gestalt ständig verändert. Da ein Puppenstadium fehlt, wird nach dem letzten Stadium aus der Larve eine fertige Libelle.

Libellen sind vorzugsweise dort anzu-

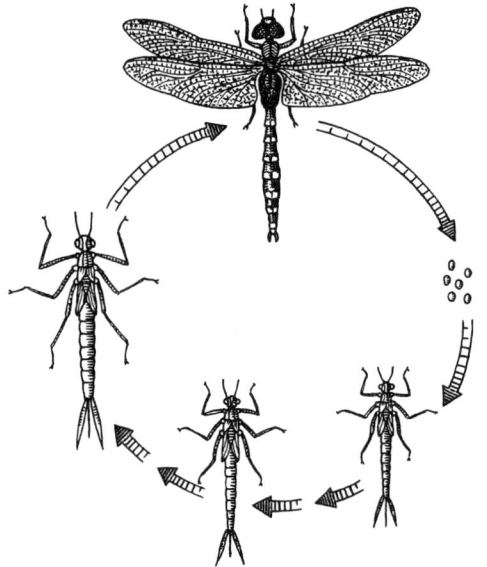

**Nicht nur die Nah-
rungssuche, sondern
auch die Paarung
findet im Flug statt**

Unvollkommener Entwicklungszyklus: Ei –
mehrere Larvenstadien – erwachsene Libelle

treffen, wo viel Wasser zu finden ist. Es ist deshalb verständlich, daß sie sich durch offene Wasserflächen auch in einen Garten locken lassen. Schon ein kleiner Teich ist für viele Libellenarten so attraktiv, daß man nicht lange warten muß, bis sich hier die ersten Tiere einfinden und den Teich zur Eiablage nutzen. Ziemlich schnell sind dann auch die ersten Libellenlarven im Teich zu finden.

Ohrwürmer

Von den bei uns heimischen Ohrwürmern, auch Ohrenkneifer genannt, ist der Gemeine Ohrwurm (*Forficula auricularia*) in unseren Gärten der häufigste Vertreter. Er wird zwischen 9 und 16 mm lang. Ein typisches Kennzeichen sind die zwei kräftigen Zangen am Hinterleib, die bei den männlichen Tieren stark gekrümmt, bei den Weibchen dagegen nahezu gerade sind. Die Zangen dienen der Verteidigung gegen Feinde, z. B. Spinnen und Insekten, und auch als Hilfsorgan bei der Paarung. Nicht so bekannt ist, daß Ohrwürmer Flügel besitzen und deshalb auch fliegen können. Ihre Flügel sind aber so kompliziert zusammengefaltet (bis zu 40 Flügellagen übereinander), daß es für die Tiere zu aufwendig ist, sie ständig aus- und einzupacken. Ohrwürmer sind deshalb eigentlich immer nur zu Fuß unterwegs.

Tagsüber halten sich Ohrwürmer bevorzugt in dunklen Verstecken auf, z. B.

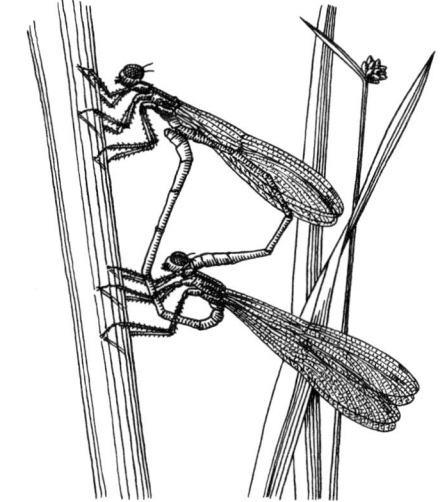

Libellen bei der Paarung

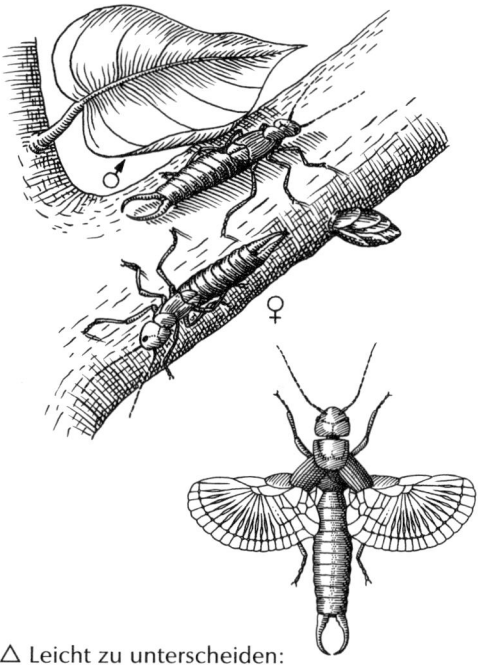

△ Leicht zu unterscheiden: Ohrwurmmännchen vom Ohrwurmweibchen

Ohrwurm mit ausgebreiteten Flügeln (rechts)

Libellen lieben offene Wasserflächen und lassen sich daher durch Anlage eines Teiches in den Garten locken

Daß Ohrwürmer (= Ohrenkneifer) in die Ohren von Menschen kneifen, ist ein Gerücht

Obwohl sie Flügel besitzen, gehen Ohrwürmer lieber zu Fuß

Insekten – die artenreichste Tiergruppe

Nachts machen sich Ohrwürmer auf Blattlausfang

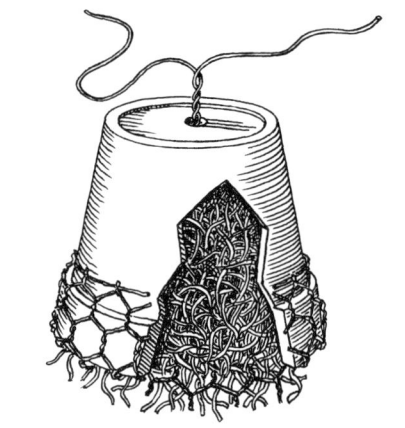

Ohrwurmtopf mit Stroh, Heu, Holzwolle o. ä. gefüllt

Einfache, jedoch gern von Ohrwürmern angenommene Unterschlupfmöglichkeiten sind mit Holzwolle oder ähnlichem Material gefüllte Blumentöpfe

Besiedlung durch Ohrwürmer abwarten

Erst nachdem sie von Ohrwürmern besiedelt worden sind, können die Ohrwurmtöpfe in die Nähe von Blattlausherden gebracht werden

Das »Ohrwurmhaus« liegt direkt am Stamm an

unter Laub und Steinen oder hinter einer Baumrinde. Erst am Abend werden sie aktiv. Dann machen sie sich auf zur Nahrungssuche, z. T. bis hoch in die Bäume. Ohrwürmer ernähren sich von Blütenblättern, zarten Blättchen, weichem Obst, Moos und Algen. Am liebsten fressen sie aber geschwächte, weichhäutige Insekten oder deren Larven, hauptsächlich Blattläuse.

Ohrwürmer helfen also mit, Blattlauspopulationen niedrig zu halten und sind deshalb wichtige Nützlinge. In nur einer Nacht kann ein Ohrwurm bis zu 120 Blattläuse verzehren. Es ist deshalb sinnvoll, ihnen im Garten Unterschlupfmöglichkeiten anzubieten. Bewährt haben sich mit Holzwolle gefüllte Blumentöpfe, die mit einem engmaschigen Drahtgeflecht verschlossen werden.

Im Frühjahr müssen diese Töpfe zunächst dort deponiert werden, wo Ohrwürmer überwintern, d. h. am Rand einer Hecke oder eines Holzhaufens. Etwa ab Juni werden die Töpfe von Ohrwürmern besiedelt. Erst jetzt ist der Zeitpunkt gekommen, sie dort aufzustellen, wo Blattlausbefall beobachtet wurde, z. B. in einem Gemüsebeet. Man kann sie aber auch in blattlausbefallenen Obstbäumen oder Sträuchern mit der Öffnung nach unten aufhängen. Beim Aufhängen ist es wichtig, darauf zu achten, daß der Topf einen direkten Kontakt mit einem Ast oder dem Stamm hat.

Der Handel bietet auch käufliche Unterschlupfmöglichkeiten für Ohrwürmer an, z. B. »Schlafröhren«, die einfach auf abgeschnittene Aststummel von Büschen oder Sträuchern gesteckt werden oder »Schlafsäcke« zum Aufhängen.

Käufliche Ohrwurmbehausungen: Schlafröhren oder Schlafsäcke

Schlafröhre

Florfliegen sehen zerbrechlich aus, leben aber räuberisch

Florfliegen

Die zu den Netzflüglern gehörenden Florfliegen (*Chrysopidae*) sind meist zartgrün gefärbt. Auch die netzartigen, glasklaren Flügel sind grün. Wegen ihrer auffälligen, häufig goldglänzenden Augen werden Florfliegen auch »Goldaugen« genannt. Obwohl sie sehr zierlich, fast zerbrechlich, wirken, gibt es einige Arten unter den Florfliegen, die räuberisch von kleinen, weichhäutigen Insekten, vor allem Blattläusen leben. Allerdings ernähren sich im allgemeinen nur die Jugendstadien räuberisch. Erwachsene Tiere ergänzen ihre hauptsächlich aus Nektar, Honigtau und Pollen bestehende Nahrung lediglich ab und zu durch Blattläuse. Wer in seinem Garten ständig Blütenpflanzen hat, bietet Florfliegen und vielen anderen Insekten günstige Lebensbedingungen. Die nachtaktiven Florfliegen gehen erst in der Dämmerung auf Nahrungssuche.

Im Sommer haben Florfliegen eine kurze Lebenserwartung von nur einem Monat. Deshalb legen die Weibchen zweimal im Jahr, einmal im Frühling

Blumenwiese – Für ein ständiges Angebot blühender Pflanzen sind Florfliegen besonders dankbar

Insekten – die artenreichste Tiergruppe

Die Eier der Florfliege sitzen stets auf der Spitze eines langen Fadens

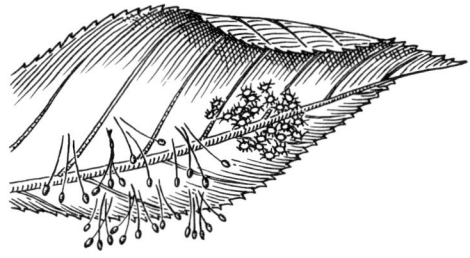

Gestielte Florfliegeneier neben einer Blattlauskolonie

Während ihrer Entwicklung fressen Florfliegenlarven mehrere hundert Blattläuse

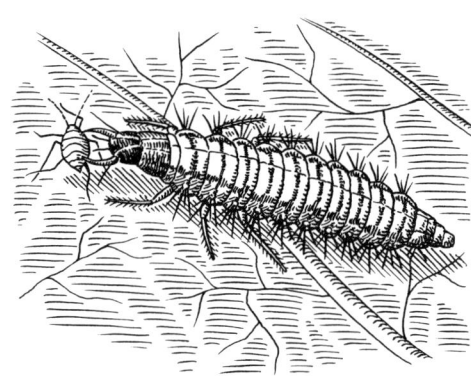

Florfliegenlarve beim Beutefang

und ein zweites Mal im August, mehrere hundert Eier meist an der Unterseite von Blättern ab, teilweise in der Nähe von Blattlauskolonien. Zum Schutz vor Räubern, aber auch vor Artgenossen setzen die Weibchen dabei jedes Ei auf einen langen dünnen Stiel.

Gerade geschlüpft beginnen die Larven der Florfliege sofort mit dem Fressen. Sie ernähren sich überwiegend von Blattläusen. Mit ihren kräftigen Saugzangen durchbohren sie zunächst die Beutetiere und saugen sie dann aus. Übrig bleiben nur die leeren Blattlaushüllen. Während ihrer kurzen Lebensdauer von etwa 2 bis 3 Wochen verzehren Florfliegenlarven mehrere hundert Blattläuse, die größeren Larven bis zu 1000. Wegen dieser Gefräßigkeit werden sie auch »Blattlauslöwen« genannt. Neben Blattläusen ernähren sich die Florfliegenlarven auch von Blutläusen, Raupen, Fliegenlarven, Schildläusen und Spinnmilben. Weil Florfliegen sehr nützliche Insekten sind, verdienen alle Entwicklungsstadien besondere Schonung, angefangen bei den auf langen Stielen gut erkennbaren Eigelegen. Auch die 7 bis 8 mm langen, von einer rötlich braunen Zeichnung bedeckten Larven dürfen nicht versehentlich vertrieben werden. Bei uns kommt die Gemeine Florfliege (*Chrysopa carnea*) am häufigsten vor.

Im Herbst ziehen sich die erwachsenen Florfliegen in möglichst ungestörte Winterquartiere zurück. Besonders geeignet sind frostfreie, aber kühle Plätze, z. B. Gartenhäuser oder Dachböden. Dort verbringen sie den Winter völlig reglos und nehmen keine Nahrung auf. Genau so gut können Florfliegen in den im Handel erhältlichen »Florfliegenquartieren« überwintern. Das sind Spezialkästen aus atmungsaktivem Holzbeton, die an Stangen oder Masten in 1,5 bis 2,0 m Höhe angebracht werden.

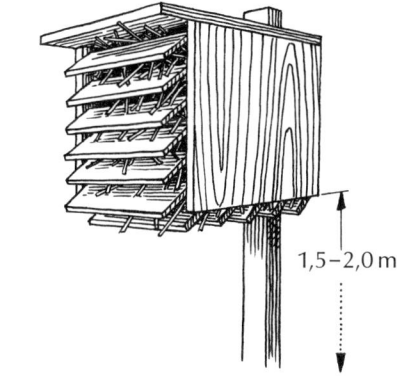

1,5–2,0 m

Florfliegenquartier

Florfliegen überwintern gerne an kühlen Plätzen

Schmetterlinge

Schmetterlinge sind die auffallendsten Insekten im Garten. Viele Arten gelten heute als bedroht. Die Hauptursache dafür ist zweifellos die Zerstörung ihrer natürlichen Lebensräume in der Landschaft, z. B. Feuchtgebiete und Trockenrasen, Heiden und Buschland. Im Garten sollte man deshalb für sie Ersatzlebensräume schaffen. Die erwachsenen Tiere vieler Schmetterlingsarten leben nur wenige Tage und nehmen in dieser Zeit keine Nahrung auf. Anderen Arten reicht etwas Nektar zum Leben, den sie mit ihrem langen Rüssel aus Blüten trinken. Solche Arten leben ca. 2 bis 6 Wochen. Während dieser kurzen Zeit finden die Begattung und die Eiablage statt. Hierzu suchen die Schmetterlingsweibchen ganz bestimmte Pflanzen auf, die den Raupen später als Nahrung dienen, denn häufig sind Schmetterlingsraupen auf eine ganz bestimmte

Schwalbenschwanz beim Blütenbesuch

Viele Schmetterlingsarten gelten heute als bedroht

79

Insekten – die artenreichste Tiergruppe

Schmetterlinge legen ihre Eier nur an ganz bestimmten Pflanzen, den Futterpflanzen ihrer Raupen, ab

Die Brennessel spielt als Futterpflanze der Raupen vieler Schmetterlingsarten eine wichtige Rolle

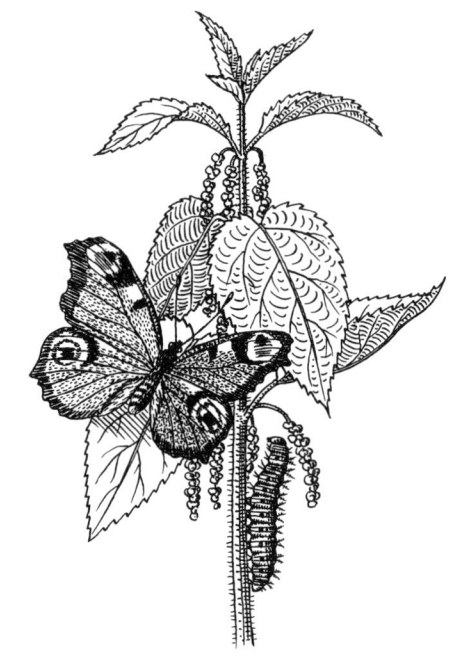

Tagpfauenauge mit Raupe

Unter den Schmetterlingen können einige Arten auch zu Schädlingen werden

Kohlweißling: Falter und Raupe

Pflanzenart als Nahrungsgrundlage angewiesen. Stirbt diese Pflanzenart aus oder wird sie ausgerottet, verschwinden auch die Schmetterlinge ziemlich schnell, denn auf andere Pflanzenarten können sie meist nicht ausweichen.

Die Bedeutung der Brennessel als Futterpflanze für viele Schmetterlingsraupen sei an dieser Stelle hervorgehoben. Auf sie sind die Raupen von Tagpfauenauge (*Inachis io*), Kleinem Fuchs (*Aglais urticae*), Landkärtchen (*Araschnia levana*) und Admiral (*Vanessa atalanta*) angewiesen. Weiterhin verbringen auch der Distelfalter (*Pyrameis cardui*) und das Weiße C (*Polygonia c-album*) ihr Raupenstadium an der Brennessel sowie mehrere verschiedene Nachtfalter.

Schmetterlinge spielen als Nützlinge im Garten keine Rolle, im Gegenteil; vermehren sich beispielsweise der Große Kohlweißling (*Pieris brassicae*) oder der Große Frostspanner (*Eramis defoliaria*) in Massen, können sie sogar zu Schädlingen werden. Die Massenvermehrung einer bestimmten Art ist in einem naturnahen Garten aber eher die Ausnahme, da sich hier ein ökologisches Gleichgewicht eingestellt hat. Ein solches Gleichgewicht bleibt jedoch nur bei einer möglichst großen Vielfalt an Pflanzen und Tieren erhalten und Schmetterlinge gehören dazu.

Sie können durch ein breites Nahrungsangebot in den Garten gelockt werden. Indem man in einer kleinen Ecke des Gartens ein paar Brennesseln ansiedelt, ist der erste Schritt in diese Richtung getan. Wichtig ist dabei, für die Brennesselecke einen sonnigen Standort auszuwählen, da die Schmetterlingsweibchen ihre Eier bevorzugt an sonnenbeschienenen Plätzen ablegen. Auch andere Wildkräuter, z. B. Disteln, Natternkopf und wildwachsende Kreuzblütler sind für den Nachwuchs von Schmetterlingen lebenswichtig. Weiterhin wird vielen Schmetterlingsraupen durch Anpflanzen heimischer Gehölze eine Nahrungsgrundlage geboten. Für die nektartrinkenden erwachsenen Falter sind besonders solche Gärten attraktiv, in denen sie viele nektarreiche Blumen finden. Zu den Nektarlieferanten gehören vor allem einfache Formen und Wildblumen.

»Wilde Gartenecke«

Schmetterlinge lassen sich im Garten ansiedeln durch Anpflanzen von:
- **geeigneten Futterpflanzen**
- **nektarreichen Blütenpflanzen**

Käfer

Käfer bilden mit über 350 000 Arten weltweit die größte und artenreichste Ordnung im gesamten Tierreich. Im Garten sind vor allem viele Arten der beiden Familien Laufkäfer (*Carabidae*) und Marienkäfer (*Coccinellidae*) von Bedeutung. Da sie sich vorwiegend räuberisch, also von anderen Tieren ernähren, sind sie an der Regulierung eines ausgewogenen Verhältnisses von Nützlingen und Schädlingen maßgeblich beteiligt.

Unter den Käfern spielen die Lauf- und Marienkäfer im Garten eine besondere Rolle

Insekten – die artenreichste Tiergruppe

Gute Läufer auf langen Beinen: die Laufkäfer

Laufkäfer im Laub, mit Beutetier

Laufkäfer vertilgen fast alles, was ihnen vor die Zangen kommt

Unterschlupf für Laufkäfer

Geeigneten Unterschlupf finden Laufkäfer in liegengelassenem Laub, unter Holzbrettern, in Spalten von Trockenmauern usw.

Laufkäfer

Die meisten Laufkäferarten sind flugunfähig, aber aufgrund ihrer kräftigen, langen Laufbeine sehr gut zu Fuß unterwegs. Bei ihren Ausflügen legen die relativ großen, vorwiegend schwarz oder dunkelbraun gefärbten Käfer Entfernungen bis zu 150 m zurück. Bis auf wenige Ausnahmen leben Laufkäfer (*Carabidae*) am Boden. Die meisten Arten sind nachts unterwegs und verstecken sich tagsüber unter Steinen, Laub, Holz usw. Einige Arten, vor allem die farbenprächtigeren, sind tagsüber auf der Suche nach Nahrung. Laufkäfer ernähren sich räuberisch, sind dabei aber auf keine bestimmte Nahrung spezialisiert. Sämtliche Entwicklungsstadien aller im und auf dem Boden lebenden Insekten scheinen ihnen zu schmecken. Aber auch Nacktschnekken und sogar Regenwürmer verschmähen sie nicht.

Die Laufkäfer tragen an ihrem Kopf wuchtige Zangen, mit denen sie die Beutetiere totbeißen. Dann injizieren sie in ihre Opfer Verdauungssäfte und saugen schließlich den vorverdauten Nahrungsbrei auf.

Da sich die nachtaktiven Laufkäfer tagsüber an dunkle, geschützte Stellen zurückziehen, kann man sie im Garten mit dem Angebot entsprechender Schlafstätten anlocken, z. B. liegengelassenes Laub, Holzbretter und ähnliches. Auch die Fugen und Spalten in Trockenmauern oder Steinhaufen werden von Laufkäfern gern als Unterschlupf angenommen. Außerdem fühlen sie sich in Gärten mit Hecken aus Wildgehölzen und artenreichen Wiesen wohl, da sie hier nicht nur Schutz, sondern auch Nahrung finden.

Marienkäfer

Viel bekannter und beliebter als die Laufkäfer sind die Marienkäfer (*Coccinellidae*), von denen es in Mitteleuropa allein 70 verschiedene Arten gibt. Die Arten unterscheiden sich hauptsächlich durch ihre Grundfarbe (rot, schwarz oder gelb) sowie durch die Anzahl ihrer Punkte voneinander. Mit 1 bis 12 mm Länge sind Marienkäfer kleiner als Laufkäfer, können aber im Gegensatz zu ihnen fliegen.

Die meisten Marienkäferarten sind die größten Feinde von Blattläusen. Vor allem ihre Larven vertilgen ungeheure Blattlausmengen. So benötigt die Larve des bekannten Siebenpunkt-Marienkäfers für ihre Entwicklung 600 bis 800 Blattläuse. Marienkäferlarven werden deshalb, wie die Larven von Florfliegen, »Blattlauslöwen« genannt. Die 1 bis 12 mm großen Marienkäferlarven sind länglich und oft blaugrau bis schwarz gefärbt. Teilweise sind sie auch farbig gefleckt und haben schwach entwickelte Warzen.
Außer den blattlausfressenden gibt es auch einige Marienkäferarten, die sich von Schildläusen, Spinnmilben und sogar Mehltaupilzen ernähren.

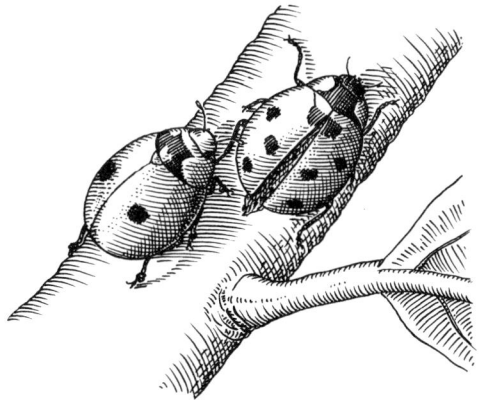

2-Punkt- und 7-Punkt-Marienkäfer

Glücksbringer und Nützling zugleich: der Marienkäfer

Wegen ihrer Gefräßigkeit werden die Larven von Marienkäfern (neben den Florfliegenlarven) Blattlauslöwen genannt

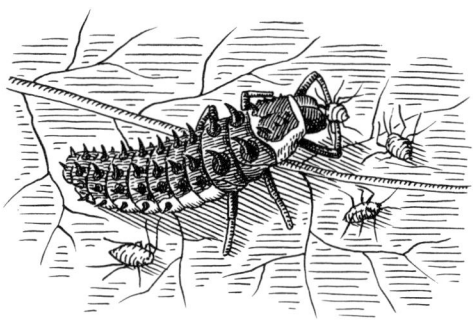

Marienkäferlarve auf Blattlausjagd

Insekten – die artenreichste Tiergruppe

Die gelben, auf der Unterseite von Blättern senkrecht stehenden Eier der Marienkäfer sind leicht zu erkennen

Marienkäfer überwintern gern in Hecken, sonnigen Böschungen, Lesesteinhaufen, hohlen Stubben, verfilzten Grasnarben und unter einer Laubdecke

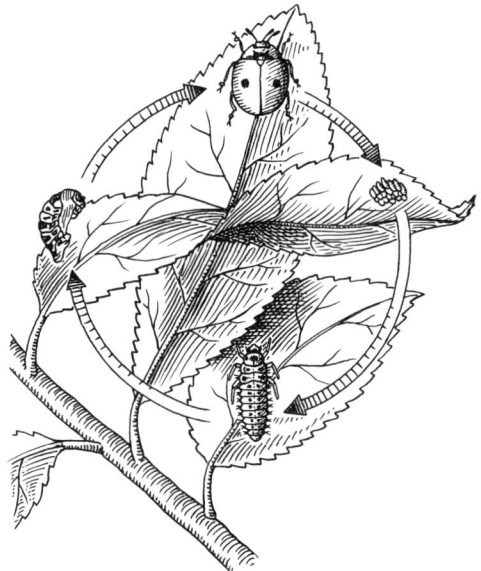

Vollkommener Entwicklungszyklus:
Ei – Larve – Puppe – erwachsener Marienkäfer

Zur Vereinfachung werden alle parasitisch lebenden Hautflügler als Schlupfwespen bezeichnet

Plätze für die Überwinterung von Marienkäfern

Im Frühjahr legt ein Marienkäferweibchen bis zu 400 Eier ab, meist in Gruppen auf der Unterseite von Blättern und häufig in der Nähe von Blattlauskolonien. Die Eier haben eine ovale Form und sind gelb bis orangegelb gefärbt.

Aufgrund ihrer räuberischen Lebensweise sind Marienkäfer im Garten äußerst wichtige Nützlinge. Sie müssen deshalb gefördert werden. Entscheidend ist das Vorhandensein geeigneter Überwinterungsmöglichkeiten, da die überwinternden Weibchen erst im folgenden Frühsommer ihre Eier ablegen und so für die neue Generation sehr wichtig sind. Neben Hecken und sonnigen, wenig genutzten Böschungen suchen Marienkäfer auch Lesesteinhaufen, hohle Stubben oder verfilzte Grasnarben sowie eine Laubdecke gern zur Überwinterung auf.

Hautflügler

Jeder kennt die zu den Hautflüglern (*Hymenoptera*) gehörenden Bienen, Hummeln, Wespen, Hornissen und Ameisen. Die Mehrzahl aller Hautflüglerarten ist dagegen wenig bekannt, obwohl unter ihnen viele interessante Nützlinge für den Garten zu finden sind. Dazu gehören u. a. Schlupfwespen. Dies ist der Überbegriff für sämtliche Hautflügler, die parasitisch leben. Streng genommen werden sie aber in echte Schlupfwespen, Brackwespen,

Blattlausschlupfwespen und Erz- bzw. Zehrwespen unterteilt.

Schlupfwespen
Alle Schlupfwespenarten haben eines gemein: Sie leben als Parasiten auf Kosten anderer. Mit Hilfe ihres Legestachels legen die Weibchen ein oder mehrere Eier in die Eier, Larven, Puppen und teilweise sogar erwachsenen Tiere anderer Insektenarten ab. Kaum eine Insektengruppe wird nicht von Schlupfwespen (*Ichneumonoidea*) befallen. Nach dem Schlüpfen entwikkeln sich die Larven meist in ihren Wirtstieren und ernähren sich auch von ihnen. Am Ende der Larvenentwicklung sterben die Wirtstiere.

Da Schlupfwespen auch viele Schädlinge befallen, kommt ihnen bei der Regulierung des ökologischen Gleichgewichtes im Garten eine wichtige Bedeutung zu. So spielen die echten Schlupfwespen (*Ichneumonidae*) als Parasiten vieler Schmetterlingsraupen eine große Rolle, aber auch als Parasiten von Blattwespen-, Fliegen- und Käferlarven, die bei Obstgehölzen als Schädlinge auftreten. Die Raupen des Kohlweißlings und anderer Falter werden von Brackwespen (*Braconidae*) befallen. Auf Blattläuse spezialisiert haben sich die Blattlausschlupfwespen (*Aphidiidae*), die ihre Eier in erwachsene Blattläuse ablegen. Die Erz- bzw. Zehrwespen (*Chalcidoidea* bzw. *Proctotrupoidea*) sind ebenso wichtige Feinde von Blattläusen sowie von Blut-,

Blattlausschlupfwespe bei der Eiablage in eine Blattlaus

Schlupfwespenlarven fressen ihre Wirtstiere von innen auf

Schlupfwespe auf einer Doldenblüte

Schlupfwespen leisten einen wesentlichen Beitrag zur Regulierung des ökologischen Gleichgewichtes in einem Garten

Insekten – die artenreichste Tiergruppe

Als Nektarquelle bevorzugen Schlupfwespen Doldenblütengewächse

Auch Bienen, Hummeln und Faltenwespen sind in jedem Garten unentbehrlich

Hummel

Schild- und Mottenschildläusen. Auch verschiedene Spinnen und Wicklerarten gehören zu ihren Opfern.

Da erwachsene Schlupfwespen von Nektar leben, sind sie auf Pollen- und Nektarpflanzen angewiesen. Bevorzugt werden Doldenblütengewächse wie Dill, Fenchel oder Kümmel. In einem Naturgarten sollten möglichst einige Doldenblütler zu finden sein, um Schlupfwespen anzulocken. Außerdem kann man sie fördern, indem man ihnen gute Verstecke für die Überwinterung anbietet, z. B. ungestörten Gras- und Krautwuchs unter Sträuchern.

Bienen, Hummeln und Faltenwespen

Auch diese zu den Hautflüglern gehörenden Insektenarten leisten einen wichtigen Beitrag zur Artenvielfalt und damit zum Aufbau eines ökologischen Gleichgewichtes. In einem naturnahen Garten dürfen sie deshalb nicht fehlen. Gärten ohne Bienen (*Apidae*) und Hummeln (*Bombus*) sind ohnehin undenkbar, übernehmen sie doch die wertvolle Arbeit der Bestäubung von Blüten. Da Hummeln einen längeren Rüssel als andere Bienen haben, können sie tiefe Blütenkelche z. B. von Rotklee besser bestäuben. Aber auch die Faltenwespen (*Vespidae*), das sind die allgemein bekannten und im Herbst häufig sehr lästig werdenden schwarzgelb gestreiften Wespen, sind im Garten wertvolle Helfer. Im Laufe des Sommers jagen sie nämlich alle möglichen Insektenlarven, um damit ihre

Brut zu ernähren. Dadurch dezimieren sie natürlich auch einige Pflanzenschädlinge. Bienen, Hummeln und Faltenwespen lassen sich durch die Anlage von Lebensräumen wie Hecke oder Blumenwiese, das Erhalten einer Wildpflanzenecke und z. T. auch durch Nisthilfen im Garten wirkungsvoll fördern.

Solitärbienen und Solitärwespen
Viele Bienenarten, z. B. die Honigbienen, aber auch die Hummeln und Faltenwespen leben sozial, d. h. in Staaten. Daneben gibt es aber auch Formen, die ihre Brut allein aufziehen: die Solitärbienen und Solitärwespen, z. B. Lehmwespen (*Eumenidae*) und Grabwespen (*Sphecidae*). Diese nisten in Brutröhren und nutzen dazu ausgesprochen gern bereits vorhandene Löcher, z. B. hohle Pflanzenstengel oder von Käfern im Holz vorgebohrte Löcher. Da sie in der freien Natur solche geeigneten Nistplätze häufig nicht mehr vorfinden, ist ihr Bestand stark zurückgegangen. Im Garten lassen sich Solitärbienen und -wespen jedoch mit Hilfe von Nisthilfen anlocken. Hierzu eignen sich Hartholzklötze oder Baumscheiben, in die Löcher gebohrt werden. Ebenso wirkungsvoll ist es, wenn man hohle Stengel oder Strohhalme gebündelt aufhängt. Der Standort dieser Nisthilfen sollte allerdings sonnig und windgeschützt sein.

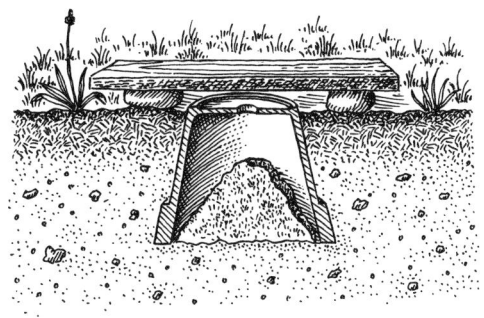

Hummelnisthilfe: umgekehrter Tontopf in die Erde versenkt, gefüllt mit nach Mäusen duftenden Sägespänen

Hecke, Blumenwiese, Wildpflanzen und z. T. Nisthilfen locken Bienen, Hummeln und Wespen in den Garten

Auch einzeln lebende Bienen und Wespen dürfen in keinem Garten fehlen

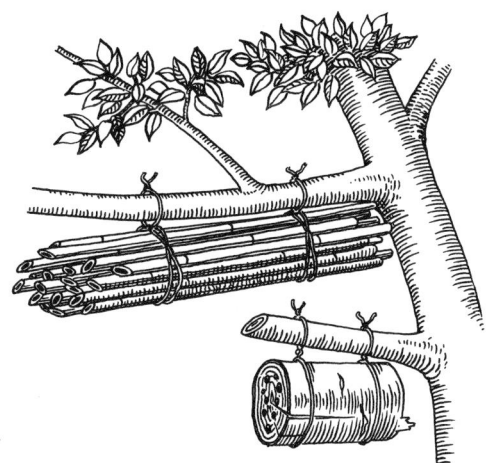

Nisthilfen für Solitärbienen und -wespen

Förderung von Solitärbienen und -wespen möglich durch:
– **angebohrte Holzklötze oder Baumscheiben (Bohrlöcher mit einem Durchmesser von 2–10 mm und einer Tiefe von 50–150 mm)**
– **Strohhalmbündel**

Insekten – die artenreichste Tiergruppe

**Viele Schwebfliegen-
arten sehen zwar aus
wie Wespen,
sind aber keine**

Schwebfliege beim Blütenbesuch

**Auch die Larven vieler
Schwebfliegenarten
sind natürliche Feinde
von Blattläusen**

Schwebfliegen im Schwebflug

**Schwebfliegen lassen
sich vor allem durch
eine Vielfalt an Blüten-
pflanzen in einen
Garten locken**

▷ Der kleine Fuchs
im Puppenstadium
(oben links), schlüp-
fend (oben rechts) und
erwachsen (unten)

Schwebfliegen

Von den ca. 350 in Deutschland erfaßten Schwebfliegenarten haben viele einen auffallend schwarzgelb gezeichneten Hinterleib und ähneln somit Wespen. Sie lassen sich dennoch sehr leicht von Wespen unterscheiden, denn sie besitzen nur zwei Flügel. Schwebfliegen (*Syrphidae*) gehören nämlich zu den Zweiflüglern. Weiterhin sind das Fehlen einer Wespentaille und vor allem ihr Schwebeflug sehr charakteristisch.

Eine wesentliche Bedeutung für den Garten haben die Schwebfliegenarten, deren Larven Blattläuse fressen. Bereits bei der Eiablage suchen die Weibchen gezielt die Nähe von Blattlauskolonien aus, wo sie die Eier einzeln ablegen. Dadurch finden die Larven sofort nach dem Schlüpfen Nahrung. Da eine Larve bis zu ihrer Verpuppung mehrere hundert Blattläuse vertilgen kann, sind auch die Schwebfliegen wichtige Feinde der Blattläuse. In ihrem Aussehen erinnern die Larven der Schwebfliegen an Maden oder Schnecken. Da die Nahrung der erwachsenen Tiere aus Blütennektar, Pollen oder Honigtau besteht, können Schwebfliegen durch ein reichhaltiges Angebot an krautigen Blütenpflanzen in den Garten gelockt werden. Sehr beliebt sind bei den Schwebfliegen Doldenblütler, Hahnenfußgewächse, gelbe Korbblütler aber auch Weidenkätzchen und Gräser.

Spinnentiere – unauffällige Gartenbewohner

Wie die Insekten gehören auch die Spinnentiere zu den Gliederfüßern. 85 000 verschiedene Arten an Spinnentieren sind heute bekannt. Da sich alle Spinnentiere in mehreren, ganz wesentlichen Merkmalen von den Insekten unterscheiden, bilden sie im Stamm der Gliederfüßer eine eigene Klasse.

Im Gegensatz zu den Insekten besitzen die Spinnentiere weder Fühler noch Flügel und haben, bis auf wenige Ausnahmen, immer 8 statt 6 Beine. Ihr Körper ist auch nur in zwei Teile untergliedert, in ein Kopfbruststück und den Hinterleib. Am Kopfbruststück sind außer den 4 Beinpaaren auch die Kiefertaster und die Kieferklauen befestigt. Diese werden zum Ergreifen und Zerkleinern der Nahrung eingesetzt.

Die Spinnentiere durchlaufen genau wie die Insekten während ihrer Entwicklung mehrere Stadien. Diese sind aber weniger deutlich zu erkennen als bei den Insekten. Von den insgesamt 11 Ordnungen der Spinnentiere kommen in Mitteleuropa 5 vor: die Weberknechte, die echten Skorpione, die Pseudoskorpione – auch Afterskorpione genannt – die Spinnen und die Milben – einschließlich der Zecken. Im Garten haben aber nur die Spinnen und die Milben eine größere Bedeutung, weshalb im folgenden diese beiden Ordnungen näher betrachtet werden sollen.

Spinnentiere –
unauffällige Gartenbewohner

**Für den Garten sind
Spinnen als Insekten-
fresser wichtige Tiere**

Spinnen

Bei vielen Menschen reicht schon der Anblick einer Spinne aus, um Abscheu und Ekel zu erregen. Dabei sind die in Mitteleuropa rund 800 verschiedenen heimischen Spinnenarten weder für den Menschen gefährlich, noch ausgesprochen häßlich. Im Garten haben die meisten Spinnenarten zudem als Insektenfresser eine wichtige Bedeutung und verdienen deshalb eine entsprechende Beachtung. Im Unterschied zu den übrigen Spinnentieren (*Arachnida*) ist bei den Spinnen (*Aranae*) die Zweiteilung des Körpers in ein Kopfbruststück und den Hinterleib sehr deutlich ausgeprägt. Beide Körperteile sind nur durch einen schmalen, röhrenförmigen Stiel miteinander verbunden, was den Hinterleib sehr beweglich macht. Charakteristisch für Spinnen sind die bis zu 8 kegelförmigen Spinnwarzen am Ende ihres Hinterkörpers, mit denen sie seidene Fäden ausstoßen. Am Kopfbruststück sitzen 6 bis 8 Punktaugen und direkt darunter ein Paar Kieferklauen. Diese nutzen die Spinnen zum Angreifen ihrer Beutetiere. Die Klauen liefern bei nahezu allen Spinnenarten ein Gift, mit dem die Opfer gelähmt oder getötet werden.

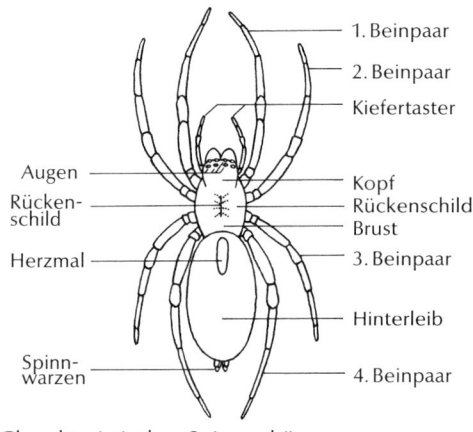

Charakteristischer Spinnenkörper

1. Beinpaar
2. Beinpaar
Kiefertaster
Augen
Rücken-
schild
Kopf
Rückenschild
Brust
Herzmal
3. Beinpaar
Hinterleib
Spinn-
warzen
4. Beinpaar

**Spinnen greifen ihre
Beutetiere mit den
Kieferklauen an und
töten sie mit Gift**

**Die hauptsächlichen
Opfer von Spinnen
sind Fliegen, Mücken
und geflügelte
Blattläuse**

Der überwiegende Anteil der bei uns heimischen Spinnen ernährt sich räuberisch von Insekten, vorwiegend von Fliegen, Mücken und Blattläusen.
Viele Spinnenarten bauen Fangnetze, mit denen sie ihre Opfer einfangen.

Grundsätzlich machen sie dabei keinen Unterschied zwischen Nützling und Schädling. Spinnen fressen vielmehr das, was gerade im Netz landet. Dennoch fangen sie meist mehr Schädlinge als Nützlinge. Das liegt unter anderem an der Festigkeit ihrer Netze, die oft so gebaut sind, daß anfliegende Blattläuse in ihnen hängen bleiben, die geflügelten, meist beweglicheren und kräftigeren Nützlinge aber nicht. Denen gelingt es häufig, sich wieder zu befreien. Neben den netzbauenden gibt es aber auch sehr viele Spinnenarten, die keine Fangnetze bauen, sondern ihre Beute erjagen. Einige dieser Spinnenarten lauern ihren Opfern auf und schlagen blitzschnell zu, wenn ein Insekt in ihre Nähe kommt. Sie werden als Lauerjäger bezeichnet. Die anderen, die sogenannten Jäger, verfolgen ihre Beutetiere und fallen sie direkt an.

Selbstverständlich haben Spinnen ihre natürlichen Feinde, die dafür sorgen, daß sich eine bestimmte Spinnenart in ihrem Bestand nicht allzu sehr ausbreitet. Zu ihren Feinden gehören einige als Spinnenfresser (*Mimetidae*) bezeichnete Spinnenarten sowie die Weg- und Grabwespen. Spinnen werden aber auch von vielen Schlupfwespen parasitiert und ebenso von Kohlmeisen gefangen, die sie an ihre Jungen verfüttern.

Im Garten besiedeln Spinnen die verschiedensten Lebensräume. Denen

Spinnen im Garten

Spinnenfamilie	Art des Beutefangs	Lebensraum
Kräuselspinnen *Dictynidae*	Netz (Fangfäden)	Bäume, Sträucher, Blüten von Doldengewächsen
Sackspinnen *Clubionidae*	Jäger	Sträucher, Bäume
Krabbenspinnen *Thomisidae*	Lauerjäger	Bäume, Sträucher, am Boden
Laufspinnen *Philodromidae*	Jäger	Bäume, Büsche
Springspinnen *Salticidae*	Jäger	Bäume, Sträucher, am Boden
Wolfsspinnen *Lycosidae*	Jäger	bodennahe Pflanzschicht
Raubspinnen *Pisauridae*	Jäger	bodennahe Pflanzschicht, niedrige Sträucher
Kugelspinnen *Theridiidae*	Netz	Bäume, Sträucher, am Boden
Radnetzspinnen *Araneidae*	Netz	Sträucher
Baldachinspinnen *Linyphiidae*	Netz	bodennahe Pflanzschicht
Jagdspinnen *Heteropodidae*	Jäger	Sträucher, niedrige Laubbäume

Viele Spinnenarten fangen ihre Beutetiere mit Fangnetzen

Andere Arten sind entweder Lauerjäger oder Jäger

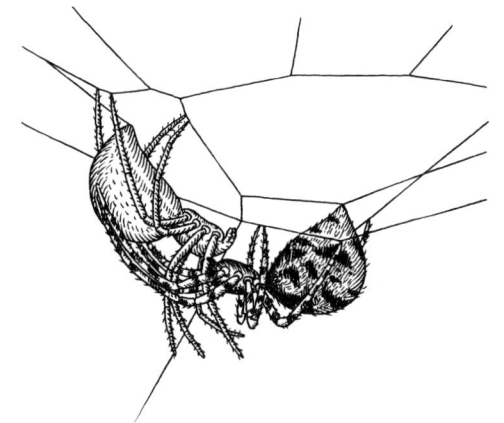

Zu den Feinden von Spinnen zählen außer Spinnen auch Weg- und Grabwespen, Schlupfwespen sowie Kohlmeisen

Spinnentiere – unauffällige Gartenbewohner

Verschiedene Lebensräume für viele Spinnenarten

Auch Spinnen leisten zur Artenvielfalt eines Gartens einen Beitrag

haben sie sich zum Teil sehr gut angepaßt. Einige Arten lassen sich allerdings schwer entdecken, da sie nachtaktiv sind. Jede Spinnenart lebt in der Regel in einem bestimmten, eng begrenzten Lebensraum. Die Raubspinnen, beispielsweise, halten sich nur direkt am Boden unter Pflanzenresten, im Moos, unter Steinen und zum Teil sogar in kleinen Erdspalten im Boden auf (Bodenzone).

Andere Arten haben sich an das Leben an Pflanzenstengeln angepaßt, weshalb man sie in der sogenannten Vegetationszone findet, d. h. bis in einer Höhe von 1 m. Vor allem die Spinnen, die im niedrigen Gesträuch Fangnetze anlegen, kommen hier vor. Aber auch Wolfs- und Springspinnen sind in dieser Zone zu entdecken.

Radnetz- und Jagdspinnen bevorzugen dagegen die Strauchzone, also Sträucher und Büsche, in denen sie bis zu einer Höhe von 4,50 m vordringen. Dort lauern netzbauende Radnetzspinnen auf große Fluginsekten. In der Baumzone (über 4,50 m Höhe) sind nur die größten Spinnenarten anzutreffen.

Aufgrund ihres Artenreichtums und ihrer guten Anpassung an die verschiedensten Lebensräume können auch die Spinnen einen wesentlichen Beitrag zur Artenvielfalt innerhalb eines Gartens leisten. Dies setzt allerdings voraus, daß sie hier günstige Lebensbedingungen vorfinden.

Kräuselspinnen

Mit nur 2 bis 5 mm Größe sind Kräuselspinnen (*Dictynidae*) sehr kleine Tiere, die auf ihrem rundlichen Hinterleib charakteristische Farbmuster tragen. Der bevorzugte Lebensraum der Kräuselspinnen sind Sträucher und Bäume sowie die Blüten von Doldengewächsen. Meist legen sie auf der Oberseite größerer Blätter ihre Netze an, die mit sehr dünnen, vielfach bläulich schimmernden Fangfäden durchsetzt sind. Mit Hilfe der Fangfäden erbeuten die Kräuselspinnen vorwiegend geflügelte Blattläuse, Fliegen, Mücken und andere Insekten.

Sackspinnen

Anders als die Kräuselspinnen bauen die Sackspinnen (*Clubionidae*) keine Fangnetze. Stattdessen schleichen sie sich vorwiegend nachts behutsam an ihre Beutetiere heran, um sie dann blitzschnell zu ergreifen. Sackspinnen sind demnach ausgesprochene Jagdspinnen. Ihren Namen haben sie den sackförmigen Wohngespinsten zu verdanken, in die sie sich tagsüber zurückziehen. Diese Gespinste werden unter lockerer Baumrinde oder ähnlichen Verstecken verborgen.

Die 5 bis 15 mm langen, meist einfarbig hell oder braun gefärbten Spinnen halten sich überwiegend auf Bäumen auf, teilweise auch auf unkultiviertem Grasland. Ihre Beute besteht aus kleineren Tieren, z. B. Springschwänzen.

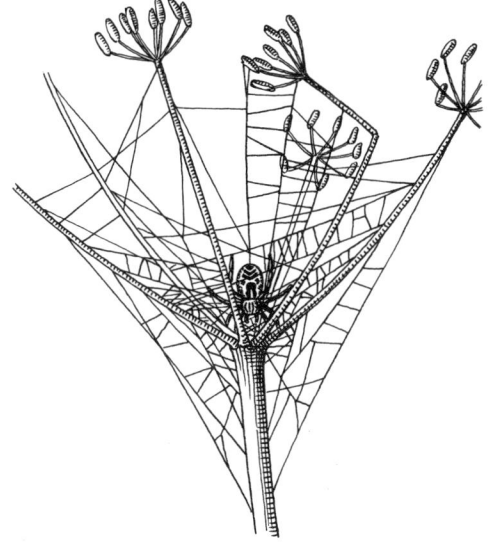

Kräuselspinne (*Dictynidae*) im Fangnetz

Auf Bäumen und Sträuchern fangen die netzbauenden Kräuselspinnen verschiedene Insekten

Sackspinnen sind nachtaktive Jäger

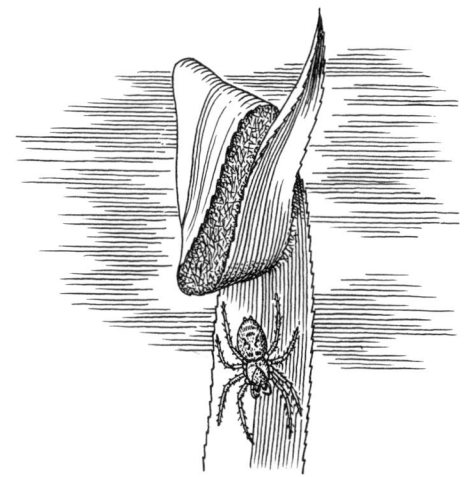

Wohngespinst der Sackspinne (*Clubionidae*)

Spinnentiere – unauffällige Gartenbewohner

Krabbenspinnen können wie Krabben seitwärts und rückwärts laufen

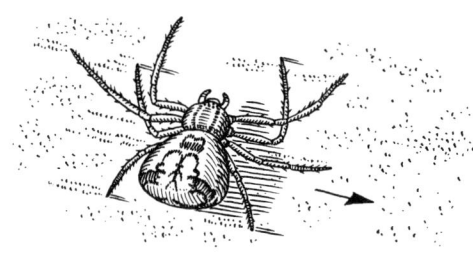

Krabbenspinne (*Thomisidae*)

Krabbenspinnen sind geschickte Lauerjäger, die sogar vor Bienen und Wespen nicht zurückschrecken

Laufspinnen sind ausgesprochene Jäger auf kräftigen Beinen

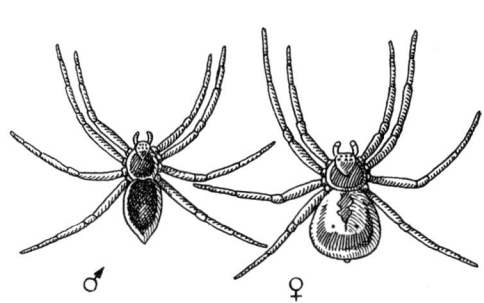

Laufspinnen (*Philodromidae*): Männchen und Weibchen des Flachstreckers (*Philodromus dispar*)

Krabbenspinnen

Die etwa 5 bis 10 mm großen Krabbenspinnen (*Thomisidae*) sehen nicht nur so ähnlich aus wie Krabben, sondern sind mit ihren beiden kräftigen Vorderbeinpaaren in der Lage, genau wie Krebse, seitwärts und sogar rückwärts zu laufen.

Krabbenspinnen bauen weder Fangnetze noch Gespinste, in die sie sich zurückziehen können. Stattdessen suchen sie sich tagsüber geeignete Plätze, z. B. Blüten, Blätter und Zweige, wo sie sitzend auf Beute lauern. Sobald ein Insekt in ihre Reichweite gelangt, packt die Krabbenspinne zu. Wegen der Schnelligkeit, die sie dabei entwickelt, gehören sehr viele geflügelte, zum Teil sogar mit Stacheln bewehrte Insekten, z. B. Bienen und Wespen, aber auch Raupen, zu ihren Opfern.

Laufspinnen

Laufspinnen (*Philodromidae*) ähneln zwar den Krabbenspinnen und bauen genau wie diese auch keine Fangnetze, sind aber deutlich kleiner als sie. So ist eine auf unseren Obstbäumen häufig vorkommende Laufspinnenart nur etwa 5 mm groß. Im Unterschied zu den Krabbenspinnen erjagen die Laufspinnen aber ihre Beute, meist sogar in raschem Lauf. Das können sie, da all ihre 8 Beine ungefähr gleich lang und gleich stark sind. Laufspinnen sind deshalb nicht nur sehr beweglich, sondern auch flink. Auch dies unterscheidet sie von den Krabbenspinnen.

Wolfsspinnen

Hauptsächlich am Boden oder in der bodennahen Pflanzschicht sind die Wolfsspinnen (*Lycosidae*) zu entdekken. An Bäumen und Sträuchern kommen sie dagegen kaum vor. Diese bis zu 20 mm großen Spinnen sind meist unscheinbar grau- bis braunschwarz gefärbt und haben lange, starke Beine. Die tagaktiven Wolfsspinnen bauen keine Netze. Stattdessen fangen sie ihre Beute, indem sie sie verfolgen und bespringen. Größere Arten bauen sich als Unterschlupf Erdröhren, von wo aus sie agieren. Erst wenn die Beutetiere sich bewegen, werden die Wolfsspinnen auf sie aufmerksam und verfolgen sie. Da sie vorwiegend am Boden leben, gehören neben Fliegen, Mücken und Blattläusen auch Springschwänze zu den Opfern der Wolfsspinnen.

Die Weibchen der Wolfsspinnen zeigen ein außergewöhnliches Brutpflegeverhalten. Zum Schutz vor Feinden tragen sie nicht nur die bis zu 400 Eier in einem kugeligen Kokon mit sich herum, sondern am Anfang auch noch die frisch geschlüpften Jungen.

Wolfsspinnen verfolgen und bespringen ihre Opfer, sie leben aber nur in der bodennahen Pflanzschicht

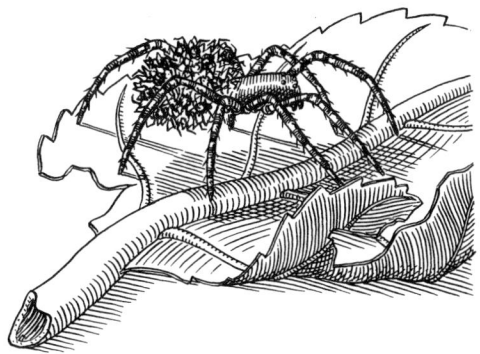

Wolfsspinnen (*Lycosidae*): Wolfsspinnenweibchen (*Pardosa lugubris*) mit Jungtieren am Hinterleib

Nach der Eiablage bleiben die Eier, aufbewahrt in einem sicheren Kokon, am Hinterleib der Wolfsspinnenweibchen

Kugel- oder Haubennetzspinnen

Charakteristisch für die nur 3 bis 7 mm großen Kugelspinnen (*Theridiidae*) ist ihr meist kugelförmiger Hinterleib. Typisch sind auch die Haubennetze, die sie zum Fangen ihrer Beute bauen (Name!). Bei den Arten, die vorwiegend in Bäumen und Sträuchern leben, ist das haubenartige Gespinst nach allen Seiten hin mit klebrigen Fäden

In ihren typischen Haubennetzen fangen die Haubennetzspinnen auf Bäumen und Sträuchern aber auch am Boden verschiedene Insekten

Haubennetz der Kugelspinnen

Spinnentiere – unauffällige Gartenbewohner

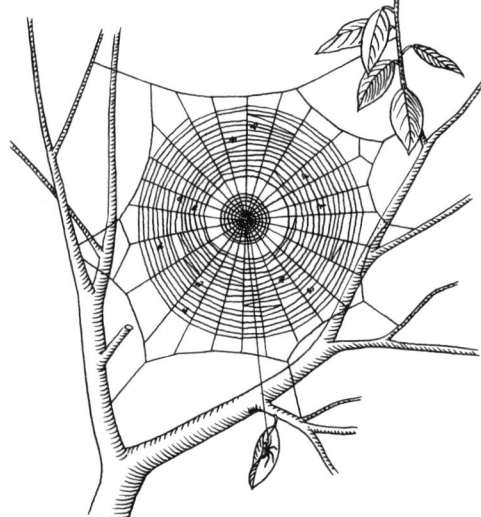

Zebraspinne
(Agriope bruennichi)

Gartenkreuzspinne
(Araneus diadematus)

Radnetz- oder Kreuz-spinnen sind wohl die bekanntesten Spinnen; sie bauen die berühmten Radnetze

Besonders im Herbst sind Radnetzspinnen wichtige Blattlausfänger

Radnetz der Radnetzspinne

umgeben, an denen die Beutetiere kleben bleiben. Bei den am Boden lebenden Kugelspinnen hängen aus den Haubennetzen dagegen nur nach unten klebrige Fangfäden heraus.

Kugelspinnen ernähren sich von Fliegen, Mücken und geflügelten Blattläusen. Sobald sich die Beutetiere im Netz verfangen haben, werden sie von den Kugelspinnen mit einem zähen Sekret überzogen und so fluchtunfähig gemacht. Erst nachdem sie sie »gefesselt« haben, töten die Spinnen ihre Opfer und saugen sie aus.

Radnetzspinnen

Wohl jedem bekannt sind die Radnetzspinnen (*Araneidae*). Ihren Namen verdanken sie den kunstvollen Fangnetzen, die sie in Form eines Rades, meist mit geschlossener Nabe, anlegen. Wegen der typischen Farbmuster auf dem rundlich-ovalen Hinterleib werden diese Tiere auch Kreuzspinnen genannt. Radnetzspinnen sind mittelgroße bis große Spinnen, die in den Gärten die verschiedensten Lebensräume besiedeln. Nicht zuletzt deshalb, weil sie unter Naturschutz stehen, verdient diese Spinnenfamilie eine besondere Beachtung.

Aber auch ihre Nützlichkeit als Blattlausvertilger, insbesondere im Herbst, darf nicht unerwähnt bleiben. Denn gerade in dieser Jahreszeit sind die geflügelten Blattlausweibchen zur Eiablage unterwegs, und viele von ihnen bleiben in den klebrigen Fangnetzen der Radnetzspinnen hängen. Dadurch wird nicht nur die Anzahl der Weibchen, sondern vor allem die Zahl schlüpfender Jungtiere im Folgejahr begrenzt.

Die als Radnetze bezeichneten Fangnetze müssen die Spinnen täglich ganz neu bauen oder zumindest ausbessern, da die Klebtröpfchen an den Fangfäden mit der Zeit eintrocknen und unwirksam werden.
Sobald sich ein Beutetier in den klebrigen Fäden des Netzes verfängt, wird die Spinne, die sich meist unter einem Blatt oder in einer Rindenritze versteckt, über einen Signalfaden alarmiert. Blitzschnell eilt sie herbei, wikkelt ihr Opfer zu einem Seidenpaket zusammen und tötet es durch einen Biß. Zu ihren Beutetieren zählen neben geflügelten Blattläusen auch Fliegen und Mücken.

Eine Besonderheit der Radnetzspinnen ist die Form der Verbreitung ihrer Jungtiere. Meist im Spätsommer, wenn die Jungtiere »flugbereit« sind, verbinden sie sich über ihre selbstgesponnenen Seidenfäden zum sogenannten Mariengarn. Das sind die Spinnfäden, die jeder von uns schon einmal am Ende eines Sommers im Gesicht zu spüren bekommen hat (Altweibersommer). Mit Hilfe dieser Fäden und dem Wind werden die Jungtiere zum Teil über weite Strecken transportiert und besiedeln so neue Lebensräume.

Die empfindlichen Fangnetze müssen täglich ausgebessert werden

Radnetzspinne beim Bau des Fangnetzes

Altweibersommer: Die Jungtiere der Radnetzspinnen »fliegen« mit Hilfe von Seidenfäden und dem Wind in neue Lebensräume

»Altweibersommer«

Spinnentiere –
unauffällige Gartenbewohner

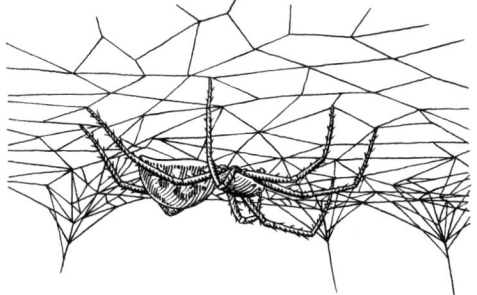

In baldachinartigen Gewebedecken fangen die Baldachinspinnen diverse Insekten, im Herbst unter anderem auch geflügelte Blattlausweibchen

Baldachinspinne (*Linyphiidae*) unter ihrem Fangnetz auf Beute lauernd

Auch junge Baldachinspinnen erobern mit Hilfe von Seidenfäden und dem Wind neue Lebensräume

Netz der Baldachinspinne

Baldachin- oder Deckennetzspinnen

In einer Wiese aber auch auf Rasenflächen sind häufig leicht nach oben gewölbte, horizontale Deckennetze zu entdecken. Diese werden von den vorwiegend in der bodennahen Pflanzschicht lebenden Baldachinspinnen (*Linyphiidae*) angelegt. Über diesen Netzen liegt ein Gewirr von Stolperfäden, in denen sich die Beutetiere der Baldachinspinnen verfangen. Die Spinne selbst versteckt sich unter dem Baldachin, wo sie auf ihre Beute wartet. Sobald ein Opfer in die Stolperfäden gerät, schüttelt die Spinne an der Konstruktion. Dadurch fällt das Beutetier auf den Baldachin und kann von der Spinne gefressen werden.

Hauptsächlich Fliegen und geflügelte Blattläuse, gelegentlich auch andere kleine Insekten werden von den nur 3 bis 5 mm großen Baldachinspinnen gefangen. Da sie ihre Netze bis weit in den Herbst hinein anlegen, fallen neben den Radnetzspinnen auch den Baldachinspinnen viele geflügelte Blattlausweibchen, die in dieser Zeit zur Eiablage unterwegs sind, zum Opfer. Ebenso wie bei den Radnetzspinnen erfolgt bei den Baldachinspinnen die Verbreitung der Jungspinnen mit Hilfe von Flugfäden und dem Wind.

Die meisten Spinnenarten, die in unseren Gärten vorkommen, sind ziemlich klein und zudem sehr scheu. Normalerweise wird man sie deshalb dort niemals entdecken. Wer dennoch die verschiedenen Spinnenarten seines Gartens einmal zu Gesicht bekommen will, der kann sie gezielt beobachten. Man muß nur an den Stellen suchen, wo sich die Spinnen bevorzugt aufhalten, d. h. an ihren natürlichen Lebensräumen. Etwas Geduld und gute Augen werden dabei vorausgesetzt. Besonders bei der Beobachtung der kleineren Arten ist eine Handlupe mit zehn- bis zwölffacher Vergrößerung ein sehr nützliches Hilfsmittel. Grundsätzlich muß immer dafür Sorge getragen werden, daß die Tiere durch die Beobachtung so wenig wie möglich gestört werden.

Da sich viele netzbauenden Spinnenarten in unmittelbarer Nähe ihres Fangnetzes in einem Schlupfwinkel aufhalten, ist es nicht schwierig, sie aus diesen Schlupfwinkeln zu locken, um sie dann zu beobachten. Dabei darf das Fangnetz weder zerstört und beschädigt, noch von seiner Grundlage abgelöst werden.

Die nachtaktiven, am Boden lebenden Spinnenarten verbergen sich am Tage meist unter Steinen, im Moos oder zwischen Baumrinde. Schaut man darunter nach, wird man sicherlich schnell die eine oder andere Spinne entdekken. Aber auch hier ist es wichtig, beim Beobachten so wenig wie möglich zu stören, d. h. umgedrehte Steine und Rindenstücke sollten danach wieder in ihre ursprüngliche Lage gebracht werden.

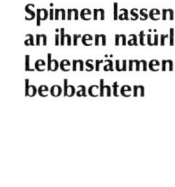
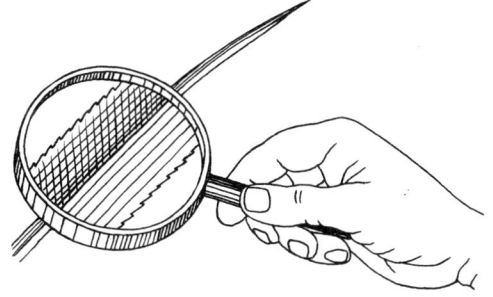

Spinnen lassen sich an ihren natürlichen Lebensräumen beobachten

Eine Handlupe zur Beobachtung der meistens kleinen Spinnen kann sehr nützlich sein

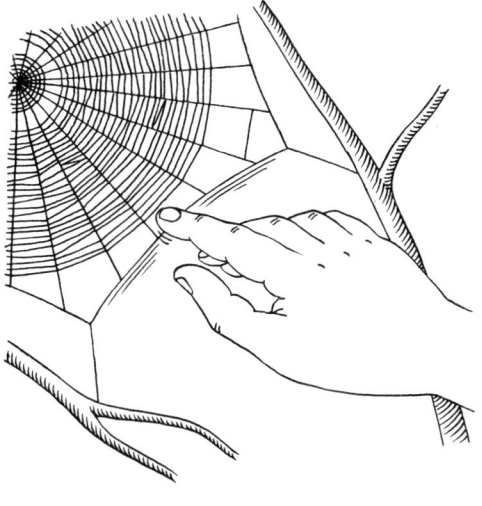

Durch vorsichtiges Berühren der Fangnetze lassen sich die netzbauenden Spinnen aus ihren Verstecken locken

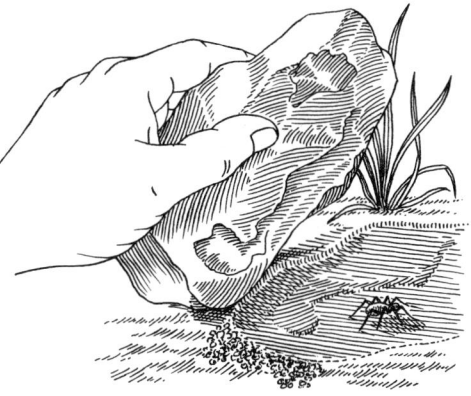

Unter Steinen und hinter Rindenstücken verbirgt sich so manche Spinne

101

Spinnentiere – unauffällige Gartenbewohner

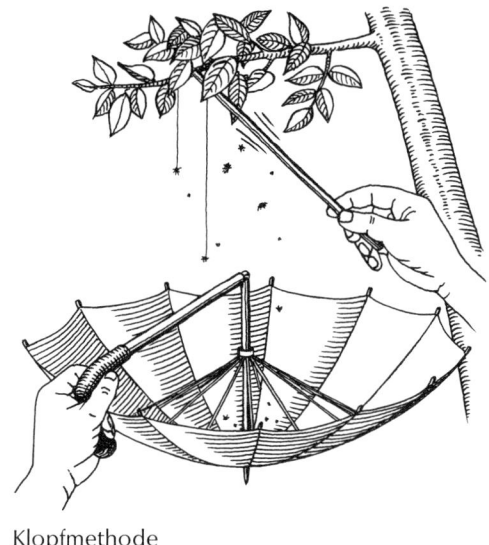

Klopfmethode

Wildkräuterecke: Lebensraum für Spinnen

Spinnen, die überwiegend an den Zweigen von Sträuchern und Bäumen leben, sind selbst bei näherem Hinsehen nur schwer zu entdecken. Sehr leicht lassen sie sich jedoch durch die sogenannte Klopfmethode sichtbar machen. Zu diesem Zweck benötigt man einen Klopfschirm. Das ist ein weißer Leinenschirm, der so ähnlich wie ein Regenschirm aussieht. Diesen Schirm hält man mit der Öffnung nach oben unter die Zweige eines Gehölzes und klopft mit einem Stock gegen diese Zweige. Außer etlichen Insekten fallen dadurch auch Spinnen auf den weißen Schirm, von dem sie sich gut abheben und betrachtet werden können.

Auch wenn man viele der genannten Spinnenarten im Garten niemals zu Gesicht bekommt, sollte man dennoch einiges dafür tun, damit sie sich hier verstärkt ansiedeln. Konkrete Maßnahmen zur Förderung einer ganz bestimmten Art, wie beispielsweise bei den Insekten, gibt es für Spinnen nicht. Sie können nur durch allgemeine Maßnahmen in einen Garten gelockt werden. Das wichtigste ist dabei, möglichst vielen Spinnenarten Unterschlupf und Nahrung anzubieten. Beides finden die in bodennahen Schichten vorkommenden Spinnen, z. B. die Wolfs- und die Raubspinnen aber auch die netzbauenden Baldachinspinnen, in artenreichen Gärten mit viel Bodenbedeckung. Das Vorhandensein möglichst verschiedener

Gräser und Wildkräuter ist für diese Spinnenarten besonders attraktiv. Sie lassen sich in solchen Gärten besonders wirkungsvoll ansiedeln, wo Wildkräuter geduldet werden und eine Blumenwiese existiert.

Sehr gern nutzen die in Bodennähe lebenden Spinnenarten auch eine liegengelassene Mulchschicht als Unterschlupf. Ebenso gern verkriechen sie sich in Reisighaufen, die aus Schnittholz und Staudenabfällen in einer geschützten Ecke des Gartens einfach aufgeschichtet werden. Außer den Spinnen finden hier auch Igel, Spitzmäuse und Erdkröten einen geeigneten Unterschlupf.

Die Spinnenarten, die in höheren Schichten, d. h. in Büschen, Sträuchern und Bäumen vorkommen, sind natürlich für jedes Gehölz im Garten dankbar, ganz besonders aber für eine dichte Hecke, die sich aus heimischen Gehölzen zusammensetzt. Hier finden sie nämlich neben geeigneten Unterschlupfmöglichkeiten auch ein reichhaltiges Nahrungsangebot vor.

Es versteht sich von selbst, daß der naturschützende Gärtner keine Spinnen tötet, weder mit dem Fuß, noch durch Giftmitteleinsätze. Auch die Fangnetze vieler Spinnenarten, z. B. von Kugel-, Radnetz- und Baldachinspinnen dürfen nie zerstört werden. Ebenso sollten die kleinen Kokons, mit denen viele Spinnenarten ihre Eier schützen und

Reisighaufen: Lebensraum für Spinnen

Verschiedene Gehölze: Lebensraum für Spinnen

Für Spinnen, die in Bodennähe wohnen, bedeutet das:
- **Wildkräuter zulassen**
- **Blumenwiese anlegen**
- **Mulchschicht auf den Beeten liegen lassen**
- **Reisighaufen anlegen**

Für alle Spinnenarten gilt:
- **Spinnen niemals töten**
- **Fangnetze nie zerstören**
- **Kokons mit Eiern nicht berühren**

103

Spinnentiere – unauffällige Gartenbewohner

aus denen im Frühjahr die Jungen schlüpfen, nicht berührt werden.

Bei den Milben scheinen Vorder- und Hinterkörper miteinander verschmolzen zu sein

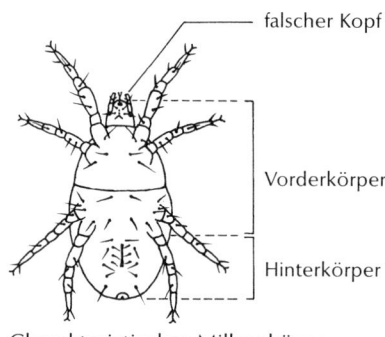

falscher Kopf

Vorderkörper

Hinterkörper

Charakteristischer Milbenkörper

Milben

Mit 3000 verschiedenen Arten allein in Mitteleuropa bilden die Milben (*Acari*) neben den Spinnen die artenreichste Ordnung der Spinnentiere. Charakteristisch für Milben ist, daß bei ihnen – völlig im Gegensatz zu den Spinnen – keine deutliche Trennung zwischen Vorder- und Hinterkörper besteht. Beide Körperteile bilden vielmehr eine Einheit und scheinen miteinander verschmolzen zu sein. Die meist weniger als 1 mm großen Milben verfügen über 4 Beinpaare. Am Vorderende des Kopfbrustteils sitzen die Mundwerkzeuge, die entweder als beißende, saugende oder stechende Organe ausgebildet sind. Wie alle Spinnentiere haben auch Milben weder Flügel noch Fühler. Viele Milbenarten leben parasitär an Menschen und Tieren, andere saugen Pflanzensaft, z. B. die Spinnmilben. Diese treten als Schädlinge an den Kulturpflanzen auf. Im Garten spielen neben den Spinnmilben vor allem die von Schädlingen lebenden Raubmilben für die Regulierung von Schädlingspopulationen eine wichtige Rolle.

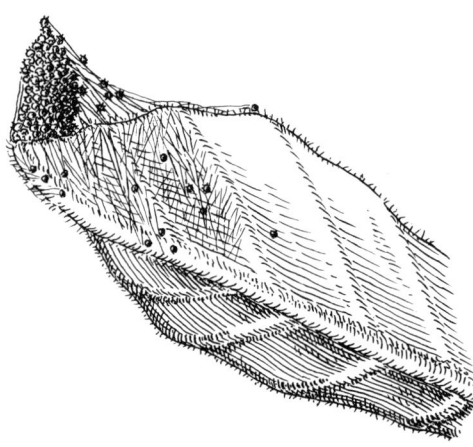

Neben den Spinnmilben spielen vor allem die Raubmilben im Garten eine wichtige Rolle

Von Spinnmilben stark befallenes Blatt

Raubmilben (*Gamasida*) kommen im Boden und an Pflanzen vor. Die im Boden lebenden Raubmilben ernähren sich von verschiedenen Bodentieren

104

wie Springschwänzen, Fadenwürmern usw.

Bekannter als die im Boden lebenden Raubmilben sind die Raubmilben, die sich von Schädlingen auf Kulturpflanzen ernähren. Diese sind mit etwa 0,3 bis 0,5 mm Größe etwas größer als Spinnmilben, von denen sie sich außerdem durch ihre größere Beweglichkeit unterscheiden. Der Körper der Raubmilben ist länglich und eiförmig; die Körperfarbe hängt vom Ernährungszustand der Tiere ab. Haben Raubmilben »Hunger«, sind sie eher blaß gelblichrosa. Wenn die Tiere aber gefressen haben, ist ihr Körper rötlich bis leuchtend rot. Raubmilben ernähren sich vorwiegend von Spinnmilben aber auch anderen Milben, z. B. Weichhautmilben sowie Thripsen und teilweise von pflanzlichen Stoffen.

Da Raubmilben sehr wirksame Jäger der Spinnmilben sind, kommt ihnen im biologischen Pflanzenschutz eine außerordentliche Bedeutung zu. Raubmilben werden wegen dieser Eigenschaft auch **Schutzräuber** genannt. Das bedeutet: es genügt bereits, wenn nur eine Raubmilbe auf einem Blatt vorhanden ist, um eine Übervermehrung des Schädlings zu verhindern. Andere Nützlinge, z. B. Marienkäfer, können das nicht. Sie sind immer auf die Mitarbeit weiterer Nützlinge angewiesen und können eine Schädlingspopulation nur in Gemeinschaftsarbeit zusammen mit anderen Tieren niedrig halten. Diese Nützlinge werden des-

Es gibt Raubmilben im Boden und...

...an Pflanzen

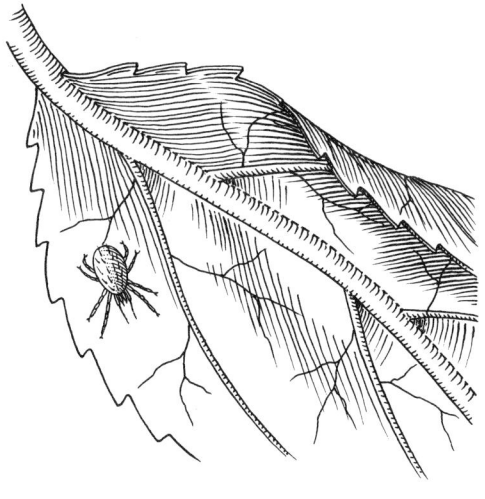

Raubmilben sind eher blaß, wenn sie Hunger haben und rötlich bis rot, wenn sie mit Spinnmilben gut versorgt sind

Raubmilbe ergreift Spinnmilbe

Raubmilben sind Schutzräuber, alle anderen Nützlinge aber nur Säuberungsräuber

105

Spinnentiere – unauffällige Gartenbewohner

Im Garten ernähren sich Raubmilben hauptsächlich von der Obstbaumspinnmilbe und der Gemeinen Spinnmilbe

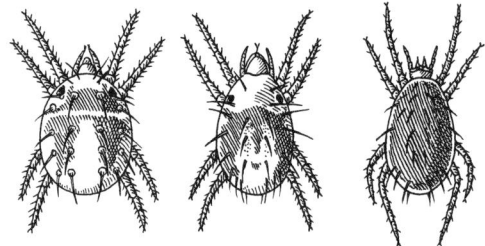

Obstbaumspinnmilbe (Rote Spinne, *Panonychus ulmi*), Gemeine Spinnmilbe (*Tetranychus urticae*) und Raubmilbe (*Typhlodromus pyri*) v. l. n. r.

Raubmilben lassen sich im Garten fördern durch:
- **gänzlichen Verzicht auf Pflanzenschutzspritzungen, auch mit natürlichen Giften**
- **die Anlage künstlicher Winterverstecke für die Weibchen**

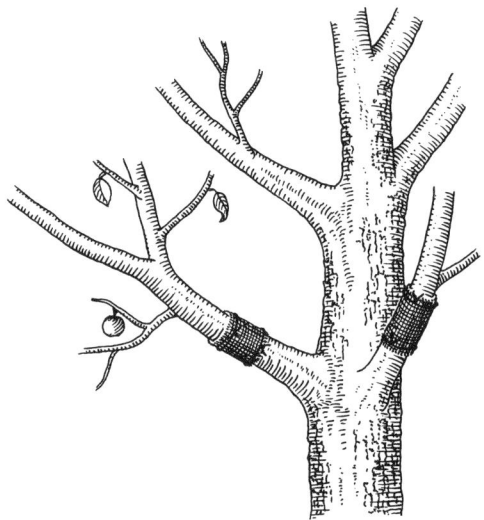

Künstliche Winterverstecke für Raubmilben

▷ Die Ammen-Dornfinger (*Cheiracanthium punctorium*) gehören zu den Sackspinnen; sie jagen ihre Beute ohne Fangnetze

halb als **Säuberungsräuber** bezeichnet. Im Garten kommen Raubmilben an Obstbäumen aber auch an Sträuchern und anderen Laubbäumen vor und sind an der Unterseite der Blätter zu finden. Dort ernähren sie sich von anderen Milben, vorwiegend von Spinnmilben. Besonders hervorzuheben sind die Obstbaumspinnmilbe (*Panonychus ulmi*), die außer den Obstbäumen auch alle anderen Rosengewächse befällt sowie die Gemeine Spinnmilbe (*Tetraychus urticae*), auch Bohnenspinnmilbe genannt. Sie tritt insbesondere in Gewächshäusern an Gemüse und Zierpflanzen als gefürchteter Schädling auf.

Als wichtige Regulatoren des ökologischen Gleichgewichtes sollten Raubmilben im Garten gefördert werden. Das Entscheidendste ist in diesem Zusammenhang, auf sämtliche Spritzungen mit giftigen Mitteln im Garten zu verzichten. Dies schließt auch Spritzungen mit natürlichen Giften und vor allem vorbeugende Spritzungen mit ein. Die Raubmilben sind nämlich sämtlichen Giften gegenüber sehr empfindlich und werden meist stärker getroffen als die Schädlinge. Raubmilben lassen sich auch gezielt fördern. Es ist bekannt, daß die befruchteten Weibchen in Rindenschuppen und ähnlichen Verstecken überwintern. Solche Verstecke können zusätzlich an Bäumen künstlich angelegt werden, und zwar indem man mehrschichtige Bänder aus feinem Gewebe um dickere Zweige wickelt.

Speziell für die tiefe und schonende Lockerung
des Bodens ist die Biogabel geeignet

Der Boden – Grundlage allen Lebens

Eine zentrale, wenn nicht sogar die wichtigste Rolle im Garten überhaupt spielt der Boden. Er bildet die Grundlage allen Lebens. Ohne ihn wäre das Leben nicht denkbar, denn ihm kommen eine Reihe wichtiger Funktionen zu. So bietet der Boden vielen Pflanzen und Tieren Standort sowie Lebensraum; Pflanzenwurzeln finden in ihm Halt. Außerdem stellt er den Pflanzen Wasser und Nährstoffe zur Verfügung. Aus diesen anorganischen Stoffen sind Pflanzen wiederum in der Lage, unter Nutzung der Sonnenenergie, organisches Material aufzubauen. Dieses dient der übrigen Lebewelt, also Mensch und Tier, als Nahrungsgrundlage.

Der Boden ist kein starres System, das nur aus totem Material besteht. Er ist vielmehr lebendig und damit ständigen Veränderungen unterworfen. Dies ist in erster Linie auf die vielfältige Bodenlebewelt zurückzuführen. Vor allem in der obersten Bodenschicht leben Milliarden von Bodenorganismen, die dort viele Umbauprozesse bewerkstelligen. Hierbei werden im Laufe mehrerer Monate alle toten Pflanzen- und Tierreste zu stabilem, lockerem und krümeligem Humus verarbeitet. Humus ist der Träger der Bodenfruchtbarkeit und dient den Pflanzen als Nährstofflieferant. Die Bodenlebewesen haben die wichtige Aufgabe, den Nährstoffkreislauf in der Natur zu schließen. Im Garten sollen sie deshalb durch behutsame Bodenbearbeitung geschont sowie durch bodenverbessernde Maßnahmen gezielt gefördert werden.

Bodenbearbeitung
Seite 110

Bodenverbessernde Maßnahmen
Seite 114

Der Boden – Grundlage allen Lebens

Verschiedene Böden unterscheiden sich durch etliche Merkmale voneinander

Bodenarten und ihre Eigenschaften

Bodenart Merkmale/ Eigenschaften	Boden mit hohem Sandanteil (leichter Boden)	Boden mit hohem Tonanteil (schwerer Boden)	Boden mit hohem Schluffanteil (mittlerer Boden)
Korngröße (überw.)	2 – 0,063 mm	< 0,002 mm	0,002 – 0,063 mm
Wasserführung	gut	schlecht	mittel
Wasserhaltevermögen	schlecht	gut	mittel
Nährstoffhalte- vermögen	schlecht	gut	mittel
Durchlüftung	gut	schlecht	mittel
Durchwurzelbarkeit	gut	schlecht	mittel
Bearbeitbarkeit	leicht	schwer	mittel

Leichte Böden sind intensiv durchlüftet und leicht bearbeitbar; das Haltevermögen für Wasser und Nährstoffe ist gering

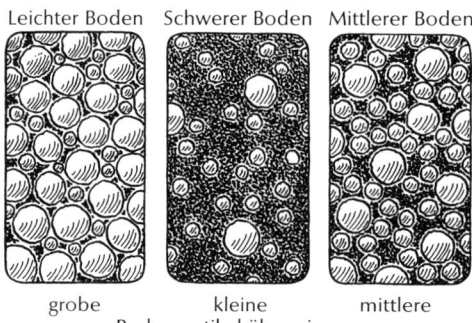

Leichter Boden   Schwerer Boden   Mittlerer Boden

grobe   kleine   mittlere
Bodenpartikel überwiegen

Schwere Böden sind schlecht durchlüftet und schwer bearbeitbar, haben aber ein hohes Haltevermögen für Wasser und Nährstoffe

Bodenbearbeitung

Die Gartenböden verschiedener Regionen unterscheiden sich z. T. beträchtlich voneinander. Ihre Eigenschaften werden hauptsächlich durch die Körnung bestimmt. Vor allem hinsichtlich ihrer Bearbeitbarkeit, der Durchlüftung sowie des Wasser- und Nährstoffgehaltes sind die Unterschiede zum großen Teil auf die Zusammensetzung aus Bodengruppen verschiedener Korngrößen zurückzuführen. Die Körnung gibt die Größe der einzelnen Mineralpartikel des Bodens an. Abhängig von ihrer Körnung lassen sich die Böden in drei große Bodengruppen, leichte, mittlere und schwere Böden, einteilen.

Dieser Einteilung entsprechend weisen **leichte Böden** einen hohen Sandanteil auf, d. h. ihr Mineralkörper besteht vorwiegend aus groben Sandkörnern. Diese Böden zeichnen sich durch eine gute Wasserführung, eine intensive Durchlüftung, leichte Durchwurzelbarkeit und leichte Bearbeitbarkeit aus. Weitere typische Eigenschaften leichter Böden sind ihr meist geringer Nährstoffgehalt, ihr geringes Wasserhaltevermögen und ihr niedriges Anlagerungsvermögen für Nährstoffe, weshalb es auf diesen Böden leicht zu einer Auswaschung von Nährstoffen kommt.
Schwere Böden sind durch ihren hohen Tongehalt gekennzeichnet. Sie enthalten demnach vorwiegend Ton-

minerale mit nur sehr kleinen Korngrößen. Die Eigenschaften schwerer Böden sind denen von Sandböden genau
entgegengesetzt. Während Wasserführung, Durchlüftung, Durchwurzelbarkeit und Bearbeitbarkeit schlecht
sind, besitzen Tonböden im Gegensatz
zu leichten Sandböden ein hohes
Wasserhaltevermögen, einen hohen
Nährstoffgehalt und ein wesentlich
größeres Anlagerungsvermögen für
Nährstoffe.

Mittlere Böden nehmen — das verrät
schon ihr Name — eine Mittelstellung
zwischen leichten und schweren Böden ein. Sie weisen einen hohen Anteil
an Schluff auf, das heißt, die Korngrößen bei solchen Böden liegen hauptsächlich zwischen denen von Sand
und Ton. Für die Gartennutzung bilden
mittlere Böden ideale Standorte, da sie
die Vorteile von leichten Sandböden
und von schweren Tonböden in sich
vereinen.

Bei der Bodenbearbeitung muß be-
dacht werden, daß bei allen Bodenarten die oberen 15 bis 30 cm aus einzelnen Schichten zusammengesetzt sind.
In diesen Schichten leben die Boden-
bewohner nicht wirr durcheinander,
sondern sind vielmehr in den verschiedenen Zonen des Bodens wohl geord-
net tätig. So leben die luftliebenden
(aeroben) Organismen der Bodentiere
und -pflanzen hauptsächlich in den
obersten, am besten durchlüfteten Bo-
denschichten, während luftfliehende
(anaerobe) Organismen in den tiefe-

**Mittlere Böden
sind für die Garten-
nutzung ideal**

**Unbearbeitet
hat Gartenboden
eine natürliche
Schichtung**

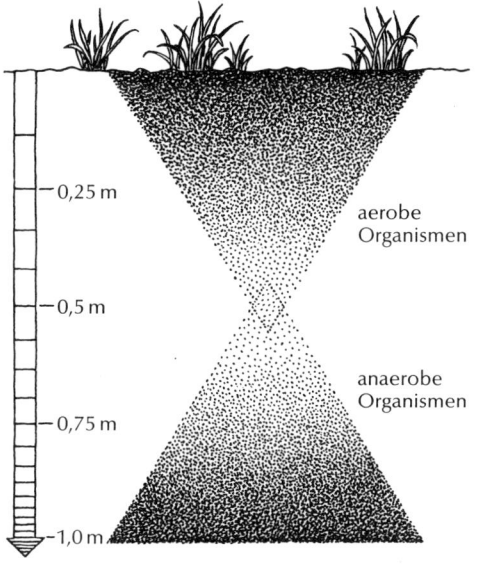

Organismenbesatz im Boden (mittlerer Boden)

111

Der Boden – Grundlage allen Lebens

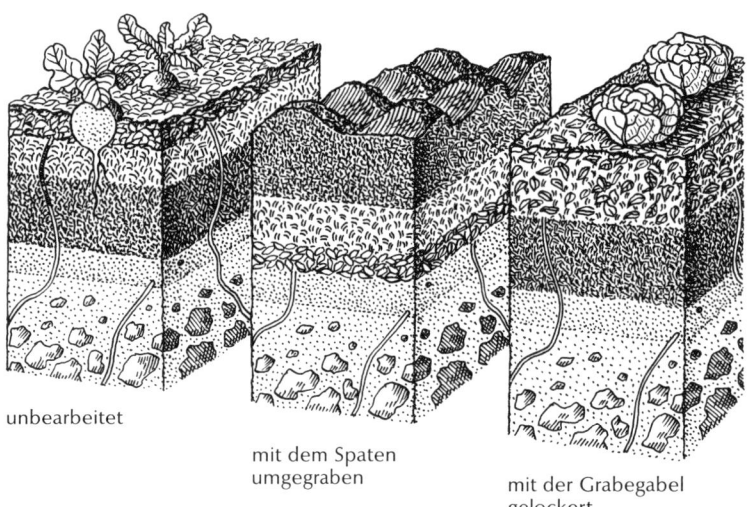

unbearbeitet

mit dem Spaten
umgegraben

mit der Grabegabel
gelockert

Die Schichten von Gartenböden

**Durch Umgraben wird
die natürliche Boden-
schichtung zerstört**

**Durch eine Boden-
lockerung mit der
Grabegabel bleibt
die natürliche Boden-
schichtung erhalten**

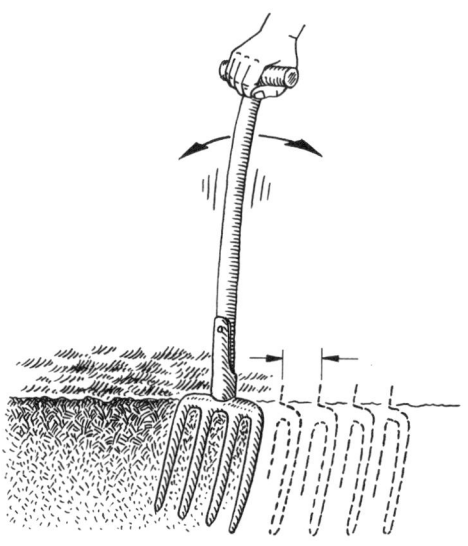

Bodenbearbeitung mit der Grabegabel

ren, schlechter durchlüfteten Schichten des Bodens anzutreffen sind.

Eine tiefe Bodenlockerung durch Umgraben mit einem Spaten bringt diese
Verteilung des Bodenlebens völlig
durcheinander. Die Schichtung im Boden wird dabei sogar auf den Kopf gestellt. Die luftliebenden Organismen
werden begraben und die luftfliehen-
den kommen mit dem für sie tödlich
wirkenden Sauerstoff in Kontakt. Die
Folge: Viele Lebewesen sterben ab,
und es dauert mehrere Monate, bis
sich die natürliche Schichtung im Boden wieder eingestellt hat. Weil aus
dieser Sicht das ohnehin arbeitsinten-
sive Umgraben mit dem Spaten eher
Schaden als Nutzen bringt, sollte man
es nur in Ausnahmefällen durchführen,
z. B. bei der Neuanlage von Beeten
oder bei sehr schweren, harten Böden.

Im Normalfall beschränkt sich eine
tiefe Bodenbearbeitung lediglich auf
das Lockern des Bodens mit einer Grabegabel, wobei die Bodenorganismen
weitgehend geschont werden. Die Bodenlockerung mit einer Grabegabel
wird folgendermaßen durchgeführt:
Die Grabegabel wird bis zum Stielan-
satz in die Erde gestoßen und dann
mehrmals mit kleinem Ruck vor und
zurück bewegt. In Abständen von 5 cm
wird der Boden auf diese Weise Streifen für Streifen bearbeitet. Die tiefe
Lockerung wird bei allen Bodenarten
einmal im Jahr, und zwar am besten im
Herbst, vorgenommen, bei schweren

Böden eventuell im Frühjahr ein zweites Mal. Der Boden wird so wasser- und luftdurchlässiger, ohne umgewendet zu werden.

Eine ebenfalls schonende Lockerung des Bodens ist mit dem sogenannten Sauzahn möglich. Dieses Gartengerät hat sich auch zur Bearbeitung von schweren Böden bewährt. Der Sauzahn besteht aus einem sichelförmig gebogenen Zinken, der in einem Gänsefußschar endet. Der Zinken ist an einem Stiel befestigt. Die Bodenbearbeitung mit dem Sauzahn erfolgt durch einfaches Ziehen des Gerätes durch den Boden. Die Bearbeitungstiefe ist dabei durch den Anstellwinkel veränderbar.

Außer der tiefen Bodenbearbeitung wird im Laufe des Frühjahrs und des Sommers gelegentlich eine Oberflächenbearbeitung des Gartenbodens notwendig. Hierbei wird der Boden nur sehr flach gelockert und krümelig gemacht. Die flache Bodenbearbeitung dient vor allem dem Zweck, eine etwaige Verdunstung des Bodenwassers, das durch die feinen Kapillaren des Bodens (Bodenporen) an die Oberfläche dringt, zu verringern. Durch das flache Hacken werden die Ausgänge dieser Kapillarröhren zerstört, das Wasser bleibt im Boden.
Für die flache Bodenbearbeitung eignen sich verschiedene Geräte. Diese werden unter leichtem Druck nur durch die oberste Schicht des Bodens

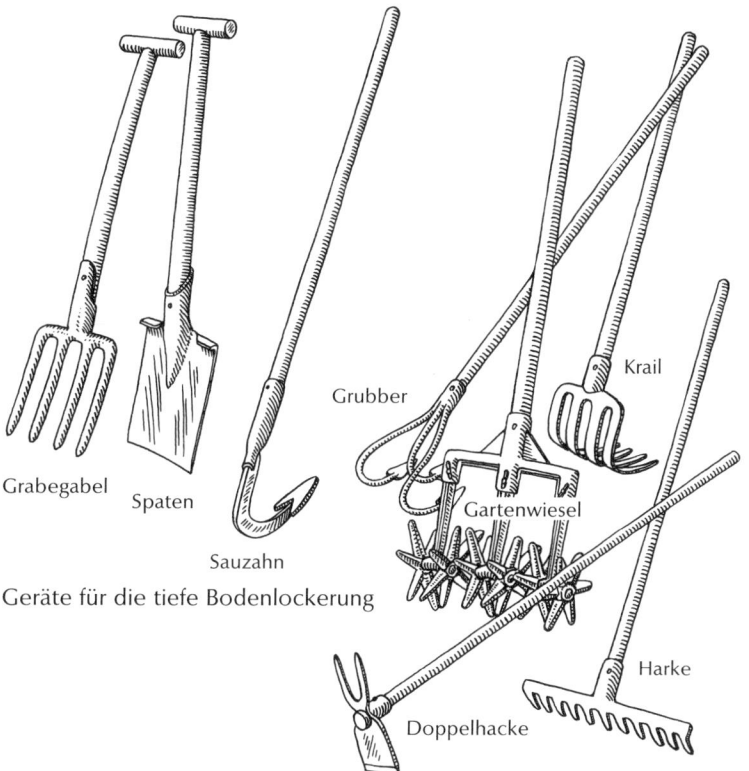

Geräte für die tiefe Bodenlockerung

Grabegabel · Spaten · Sauzahn · Grubber · Krail · Gartenwiesel · Doppelhacke · Harke

Geräte zur flachen Bodenbearbeitung

Für die flache Bodenbearbeitung eignen sich Kultivator (Ziehhacke), Harke, Krail und Gartenwiesel

Der Boden – Grundlage allen Lebens

gezogen. Dieser Arbeitsgang wird erleichtert, wenn ein Gartenwiesel benutzt wird. Das ist ein Gerät mit mehreren sternförmigen, drehbaren Zinken.

Bodenverbessernde Maßnahmen

Bei natürlichen, nicht vom Menschen beeinflußten Böden ist der Nährstoffkreislauf völlig geschlossen. Während organisches Material durch das Wachstum von Pflanzen aufgebaut wird, findet zur gleichen Zeit an der gleichen Stelle ein Abbau des bereits abgestorbenen Pflanzen- und Tiermaterials durch das Bodenleben statt. Dadurch werden wiederum Nährstoffe für erneutes Pflanzenwachstum verfügbar.

Bei Gartenböden sind die Verhältnisse völlig anders. Hier werden dem Kreislauf durch Erntemaßnahmen Stoffe entnommen, die dem Boden unbedingt durch Düngung wieder zugeführt werden müssen. Wird der Boden dabei nur mit mineralischen Düngemitteln, den sogenannten Kunstdüngern, versorgt, kommen zwar die für das Pflanzenwachstum wichtigen Nährstoffe in den Boden, sie werden aber wegen ihrer leichten Löslichkeit durch Niederschläge auch schnell wieder ausgewaschen. Außerdem kann man nur mit Mineraldüngern für das Bodenleben keine optimalen Bedingungen schaffen. Genau das vielfältige Bodenleben ist es jedoch, was einen gesunden Gartenboden und damit

Bei natürlichen Böden ist der Kreislauf der Nährstoffe geschlossen

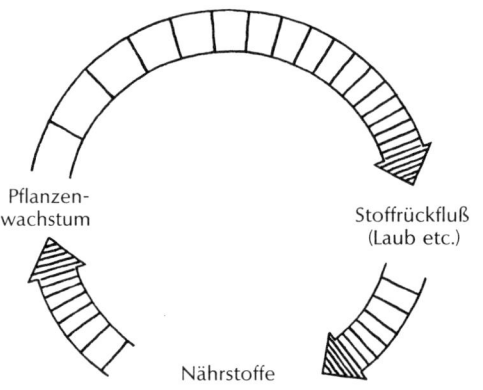

Pflanzen-
wachstum

Stoffrückfluß
(Laub etc.)

Nährstoffe

Geschlossener Nährstoffkreislauf
bei natürlichen Böden

Durch Erntemaßnahmen ist bei Gartenböden der Kreislauf der Nährstoffe unterbrochen

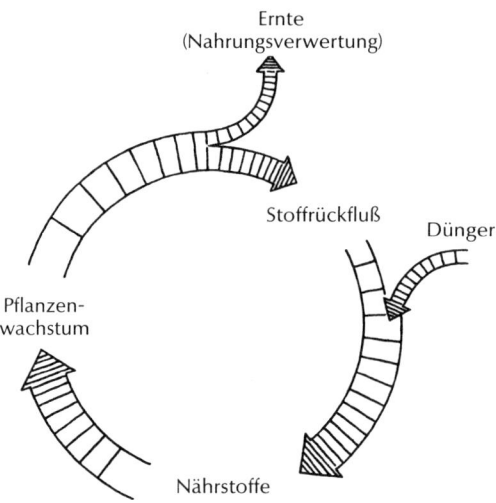

Ernte
(Nahrungsverwertung)

Stoffrückfluß

Dünger

Pflanzen-
wachstum

Nährstoffe

Über eine Düngung müssen dem Boden die Nährstoffe wieder zugeführt werden

Unterbrochener Nährstoffkreislauf
bei Gartenböden

auch ein gesundes Pflanzenwachstum auszeichnet.

Beide Ziele, d. h. sowohl den Boden mit Nährstoffen zu versorgen als auch für die Bodenlebewesen optimale Bedingungen zu schaffen, lassen sich durch verschiedene bodenverbessernde Maßnahmen erreichen. Hierzu gehören das Mulchen, die Kompostanwendung, die Gründüngung und – bei Bedarf – die Zusatzdüngung mit organischen Düngemitteln.

Ziel der Düngung:
- **Nährstoffversorgung**
- **Förderung der Bodenlebewelt**

Mulchen

Eine auch während der Vegetationsperiode durchführbare Maßnahme ist das Mulchen. Unter Mulchen versteht man das Abdecken der Bodenoberfläche mit verschiedenen Materialien. Das Abdecken des Bodens ist keine Erfindung des Gärtners, sondern eine Schutzmaßnahme, die die Menschen der Natur abgeschaut haben. Dort gibt es nämlich – mit nur wenigen Ausnahmen, z. B. in der Wüste, – keine nackte Erde. Sie ist vielmehr immer von einem Pflanzenteppich oder von organischem Abfall überzogen.

Mulchen ist das Abdecken der Bodenoberfläche mit organischen Materialien

Gemulchtes Gemüsebeet

Im biologischen Gartenbau gibt es aus diesem Grunde ebenfalls keine offenen, sondern nur ständig mit Pflanzen oder pflanzlichem Material bedeckte, also gemulchte Beete. Zum Mulchen eignen sich zerkleinerte organische Abfälle wie Grasschnitt, Blätter von Gemüse- und Zierpflanzen, zerkleinerter Heckenschnitt, aber ebenso Laub oder gehäckseltes Stroh. Wildkräuter kann

Zum Mulchen eignen sich:
- **Grasschnitt**
- **Blätter von Gemüse- und Zierpflanzen**
- **zerkleinerter Heckenschnitt**
- **Laub**
- **gehäckseltes Stroh**
- **Wildkräuter ohne Samenansatz**

Der Boden – Grundlage allen Lebens

**Vorteile
des Mulchens:**
- **Nährstoff-
und Humuszufuhr
zum Boden**
- **der Boden bleibt
länger feucht**
- **ausgeglichenere
Bodentemperaturen**
- **das Aufkommen
unerwünschter
Wildkräuter wird
unterdrückt**
- **Schutz der Humus-
schicht vor starkem
Regen und Wind**

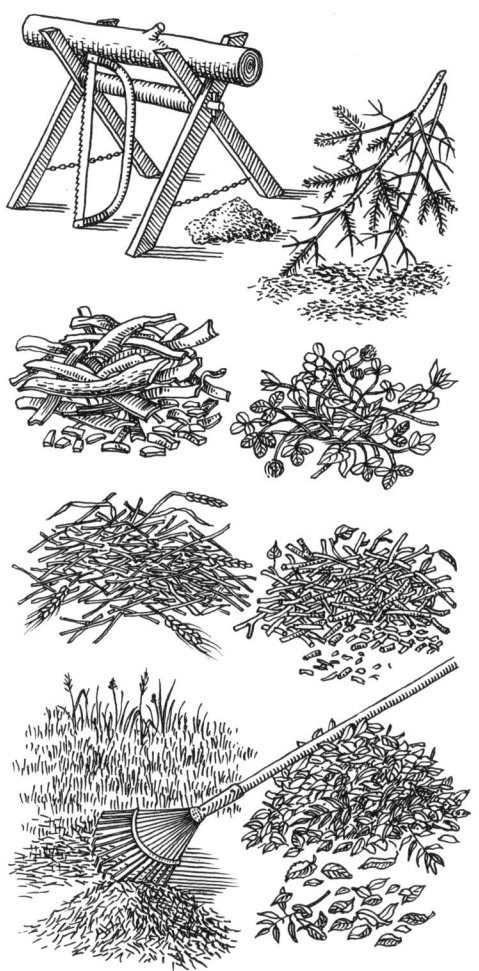

Verschiedene Mulchmaterialien

**Unter Bäumen und
Sträuchern dient
abgefallenes Laub
als Mulchschicht**

man nur als Mulchmaterial verwenden, solange sie noch keine Samen tragen. Die Vorteile, die das Mulchen mit sich bringt, sind überzeugend:
- Eine Mulchschicht ist Nahrung für das Bodenleben, wodurch dieses aktiviert wird. Das hat einen verstärkten Abbau der organischen Substanz durch die Bodenorganismen und damit eine Nährstoff- und Humuszufuhr zum Boden zur Folge. Dadurch entsteht eine lockere, krümelige Bodenstruktur.
- Eine Mulchdecke vermindert ebenfalls die Verdunstung des Bodenwassers. Das schützt den Boden vor Austrocknung und Verkrustung, so daß er länger feucht bleibt.
- Wegen der geringeren Temperaturschwankungen unter einer Mulchschicht sind die Bodentemperaturen ausgeglichener.
- Eine dichte Mulchdecke unterdrückt außerdem weitgehend das Aufkommen unerwünschter Kräuter und Gräser – das spart mühevolles Jäten.
- Schließlich bildet die Abdeckung des Bodens mit Mulchmaterial einen ausgezeichneten Schutz vor starken Regengüssen und Wind, wodurch eine Verhärtung, Verschlämmung oder sogar eine Zerstörung der Humusschicht verhindert wird.

Das Mulchen selbst, also das Abdecken der Bodenoberfläche, ist denkbar einfach. Unter Bäumen und Sträuchern braucht fast nichts getan zu werden.

Bodenverbessernde Maßnahmen

Hier bleibt das abgefallene Laub als natürliche Mulchschicht einfach liegen. Im Gemüsegarten muß dagegen schon Hand angelegt werden. Nachdem im Frühjahr die Aussaaten aufgegangen oder die Jungpflanzen gesetzt sind, wird der Boden zunächst flach gelockert und dann zwischen den Pflanzen mit abgestorbenem, zuvor zerkleinertem Pflanzenmaterial abgedeckt. Dabei läßt man grüne und saftige Pflanzenreste vorher leicht anwelken und trägt sie dann in einer nur sehr dünnen Schicht auf den Boden auf. Es kommt sonst leicht zu Fäulnis.

Trockenes Material, z. B. Stroh, wird in einer dickeren bis zu 5 cm starken Schicht verteilt, muß aber sofort angefeuchtet werden, da es sonst dem Boden Wasser entzieht. Damit der Gartenboden den ganzen Sommer über ständig bedeckt bleibt, ist es immer wieder erforderlich, die Mulchschicht durch neues Material zu ergänzen.

Kompostanwendung

Das Einbringen von Kompost in den Gartenboden bewirkt eine Zufuhr aller für das Pflanzenwachstum wichtigen Nährstoffe. Außerdem wird der Boden durch die Humusanreicherung belebter. Zum **Humus** zählen sämtliche bereits abgestorbenen organischen Substanzen in und auf dem Boden, d. h. er setzt sich aus allen Resten von abgestorbenen Pflanzen und Tieren, einschließlich deren Umwandlungsprodukten zusammen. Streng genommen

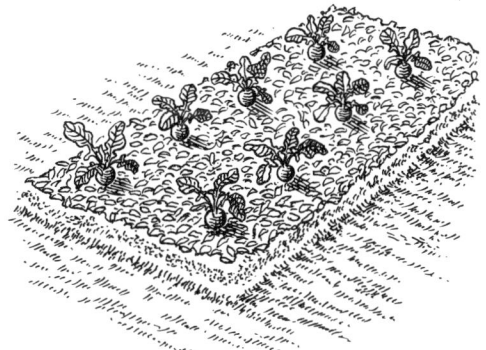

Feuchtes Mulchmaterial wird in dünner Schicht verteilt

Trockenes Mulchmaterial wird in dicker Schicht verteilt, muß aber zusätzlich angefeuchtet werden

Auf Gemüsebeeten wird der Boden mit zerkleinertem Pflanzenmaterial abgedeckt

Feuchtes Pflanzenmaterial wird in einer sehr dünnen, trockenes in einer dickeren Schicht verteilt

Die Anwendung von Kompost ist die wirkungsvollste Düngemethode im Garten

Mehr zur Herstellung von Kompost im Kapitel »Kompostwirtschaft« → Seite 127 ff.

Der Boden – Grundlage allen Lebens

Humus umfaßt sämtliche abgestorbenen Tier- und Pflanzenreste in und auf dem Boden

sind es aber nur die bereits stark zersetzten organischen Stoffe, die den Humusgehalt eines Bodens ausmachen. Humus gibt dem Gartenboden eine dunkle Farbe und gilt als Inbegriff der Fruchtbarkeit. Nach seiner Funktion im Boden wird zwischen Nährhumus und Dauerhumus unterschieden.

Nährhumus wirkt als Nährstofflieferant für Pflanzen

Nährhumus bildet sich vor allem aus mikrobiell leicht umsetzbarem organischem Material wie beispielsweise allen grünen Weichteilen von Pflanzen. Diese werden durch die Bodenorganismen schnell zersetzt, wobei leicht lösliche Stoffe, unter anderem Mineralstoffe (Mikro- und Makronährstoffe), frei werden. Die Pflanzenwurzeln nehmen diese Zersetzungsprodukte rasch als Nahrung auf. Nährhumus wirkt daher in erster Linie als Nährstofflieferant für Pflanzen.

Dauerhumus bildet zwar die Nährstoffreserve des Bodens, dient in erster Linie jedoch der Strukturverbesserung

Grüne Weichteile von Pflanzen (leicht abbaubare Stoffe)	Holzige Pflanzenteile (schwer abbaubare Stoffe)
↓	↓
Abbau durch Mikroorganismen	Ab- und Umbau durch Mikroorganismen
↓	↓
Endprodukte: Kohlendioxid, Wasser, Mineralstoffe (sofort pflanzenverfügbar)	Umsetzungsprodukte: Huminstoffe, deren Nährstoffe für Pflanzen nur langfristig verfügbar sind
Nährhumus	Dauerhumus

Humusformen in Gartenböden

Dauerhumus ist das Produkt schwer abbaubarer organischer Abfälle wie zum Beispiel alle holzigen Pflanzenteile. Wichtige Bestandteile von Dauerhumus sind die Huminstoffe, die im Boden beständig sind und nur langsam abgebaut werden. Dabei geben sie ihre Nährstoffe langsam an die Pflanzen ab. Dauerhumus bildet die Nährstoffreserve des Bodens, spielt jedoch als Nährstofflieferant kaum eine Rolle. Er dient vielmehr der anhaltenden Verbesserung der Bodenstruktur. Leichte Böden werden bindiger, d. h. weniger durchlässig, schwere Tonböden dagegen lockerer und damit durchlässiger.

Bodenverbessernde Maßnahmen

Der Gesamtgehalt an Humus nimmt durch die biologischen Abbauprozesse im Boden ständig ab. Um einer Verarmung des Gartenbodens an Humus zu begegnen, ist daher eine regelmäßige Versorgung mit organischem Material, wie z. B. Kompost, sehr wichtig. Kompost kann zu jeder Jahreszeit im Garten angewendet werden. Vor der Anwendung sollte man ihn jedoch sieben, um etwaige gröbere Bestandteile herauszutrennen. Diese werden zur weiteren Verrottung noch einmal auf den Kompost gegeben. Nach dem oberflächlichen Lockern der Beete wird dann der gesiebte Kompost überall dort, wo er Pflanzenzuwachs bringen soll, flächig, in einer Schichtdicke von etwa 1 bis 2 cm auf den Beeten verteilt und nur leicht in den Boden eingearbeitet.

Im Gegensatz zu früher wird heute neben dem bereits fertigen Reifekompost auch Frischkompost zur Düngung von Böden verwendet. **Frischkompost** ist bereits nach 3 bis 6 Monaten Kompostierung fertig, befindet sich dann aber noch in der Rotte. Er weist einen hohen Anteil an Nährhumus auf, d. h. die Nährstoffe sind für die Pflanzen schnell verfügbar und fördern das Wachstum. Außerdem fördert Frischkompost das Bodenleben. Da er nach dem Ausbringen auf dem Beet noch weiterkompostieren muß, darf er nur sehr flach in den Boden eingearbeitet werden. Frischkompost kann zur Düngung von vielen Gemüsekulturen

Der Humusgehalt in Gartenböden nimmt ständig ab

Kompost nur leicht in den Boden einarbeiten

Kompost wird gesiebt, in 1 bis 2 cm Stärke auf der Bodenoberfläche verteilt und nur leicht in den Boden eingearbeitet

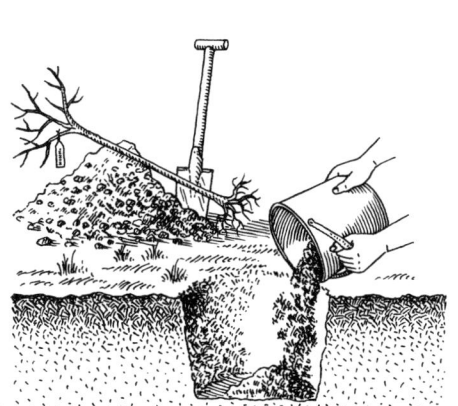

Anwendung von Frischkompost

Bei Frischkompost ist die Kompostierung noch nicht abgeschlossen; er wird im Garten vornehmlich zu Düngungszwecken eingesetzt

119

Der Boden – Grundlage allen Lebens

Einteilung verschiedener Gemüsearten nach Nährstoffbedürfnissen

Nährstoff-bedarf	Starkzehrer	Mittelzehrer	Schwachzehrer	empfindliche Schwachzehrer
Gemüseart:	Tomaten	Salat	Spinat	Möhren
	Gurken	Endivien	Feldsalat	Zwiebeln
	Kürbis	Kohlrabi	Chicorée	Erbsen
	Zucchini	Radies	Kräuter	Bohnen
	Kartoffeln	Fenchel	Kresse	
	Porree	Rote Bete		Vertragen nur
	Weiß-, Rosen-,	Mangold		Reifekompost!
	Rot-, China-,	Schwarzwurzel		
	Blumenkohl	Topinambur		
	Brokkoli	Petersilie		
	Spargel	Knoblauch		
	Mais	Rettich		
	Rhabarber			

Bei Reifekompost ist die Rotte weitgehend abgeschlossen; er dient der Boden-verbesserung

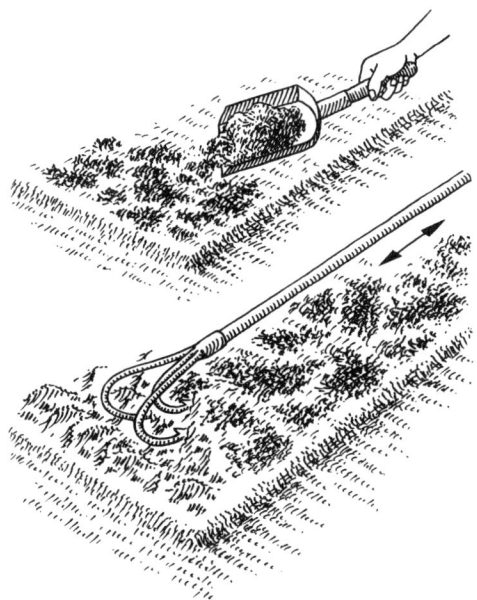

Reifkompost eignet sich:
- **zur Bodenvorberei-tung bei der Neu-anlage von Beeten**
- **zur Düngung von Rasenflächen**
- **als Anzuchtsubstrat für Jungpflanzen**

Anwendung von Reifekompost bei der Neu-anlage eines Gemüsebeetes

eingesetzt werden, hier besonders bei allen Stark- und Mittelzehrern. Das sind Gemüsearten, die hohe Nährstoffbedürfnisse haben. Ferner wird Frischkompost zur Bodenverbesserung und Nährstoffversorgung bei Obstbäumen, Beerensträuchern und Ziergehölzen angewendet. Um eventuelle Nährstoffverluste zu verhindern, sollte Frischkompost während der Vegetationsperiode ausgebracht werden und nicht im Spätherbst oder Winter.

Reifekompost ist dagegen ein fertiger, reifer Kompost, bei dem sich die Rotte in einem fortgeschrittenen Stadium befindet. Er ist erst nach 6 bis 12 Monaten Kompostierung fertig. Im Reifekompost sind die Nährstoffe vorwiegend in wertvollen Humusverbindungen eingebaut, der Anteil an Dauerhumus ist entsprechend hoch. Reifekompost dient deshalb besonders als Bodenverbesserer mit langsamer Nährstofffreisetzung.

Insbesondere bei schweren Böden sollte man ihm den Vorzug geben, da er stabile Humusformen und eine fortgeschrittene Krümelstruktur aufweist und dadurch eine Lockerung des Bodens bewirkt. Hervorragend geeignet ist Reifekompost auch zur Bodenvorbereitung bei Neuanlagen von Gemüsebeeten aber ebenso im Zierpflanzen- und Kräutergarten. Im Gegensatz zu Frischkompost kann der Reifekompost grundsätzlich zu jeder Jahreszeit auf dem Gartenboden verteilt werden, da

Bodenverbessernde Maßnahmen

keine Nährstoffverluste zu befürchten sind.

Sogar die Düngung von Rasenflächen mit Reifekompost ist möglich. Sie erfolgt im Frühjahr und ein zweites Mal im Sommer. Hierbei wird der vorher gesiebte Kompost breitflächig ausgestreut und dann eingeharkt.

Wenn man gut gesiebten Reifekompost mit Sand oder Lehm im Verhältnis 1:1 mischt, steht damit auch ein ausgezeichnetes Anzuchtsubstrat für Jungpflanzen zur Verfügung. Voraussetzung ist aber, daß dieser Kompost garantiert die Heißrotte durchlaufen hat und dadurch möglichst alle Wildkrautsamen und Krankheitserreger abgetötet wurden.

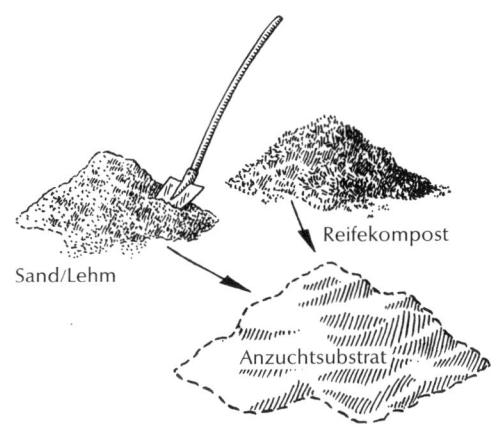

Sand/Lehm

Reifekompost

Anzuchtsubstrat

Anwendung von Reifekompost

Gründüngung

Gründüngung ist eine weitere Methode, die Bodenfruchtbarkeit zusätzlich zu verbessern. Hierzu werden auf abgeernteten oder brachliegenden Beeten bestimmte, schnellwachsende Pflanzen ausgesät. Noch vor ihrer Blüte werden sie abgeschnitten und in frischem oder leicht angewelktem Zustand samt Wurzeln in den Boden eingearbeitet. Durch den Anbau von Gründüngungspflanzen werden die im Boden gelösten Mineralstoffe vorübergehend in der Gründüngungspflanze gebunden und so vor Auswaschung aus dem Boden geschützt. Erst beim mikrobiellen Abbau der Gründüngungspflanzenreste werden die Nährstoffe wieder pflanzenverfügbar und

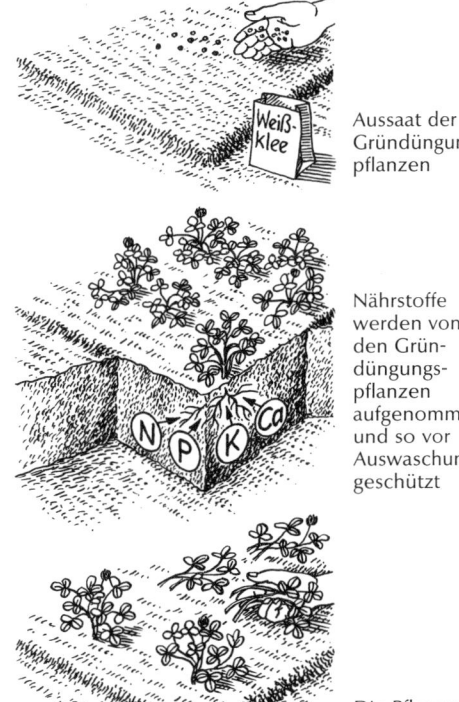

Aussaat der Gründüngungspflanzen

Nährstoffe werden von den Gründüngungspflanzen aufgenommen und so vor Auswaschung geschützt

Die Pflanzen werden abgeschnitten und...

Unter Gründüngung ist der Anbau schnell wachsender Pflanzen auf brachliegenden Beeten zu verstehen

Vorteile der Gründüngung:
– im Boden gelöste Nährstoffe werden vor Auswaschung geschützt
– Humusanreicherung im Boden

Der Boden – Grundlage allen Lebens

- **Verbesserung der Wasserversorgung**
- **Schutz des Bodens vor Erosion und starken Temperaturschwankungen**
- **Lockerung des Bodens**

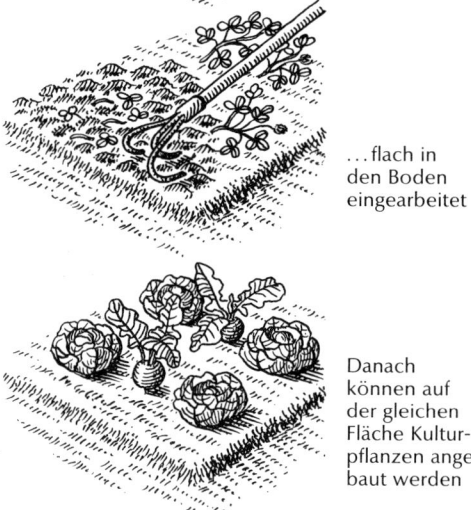

…flach in den Boden eingearbeitet

Danach können auf der gleichen Fläche Kulturpflanzen angebaut werden

Eine besondere Eignung für die Gründüngung haben einige Schmetterlingsblütler; mit Hilfe der Knöllchenbakterien reichern sie Stickstoff im Boden an

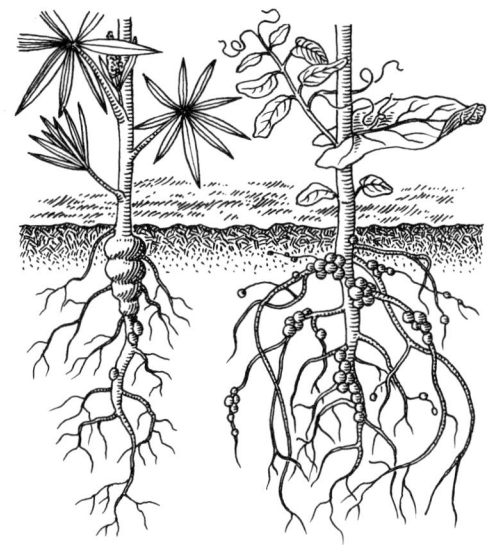

Deutlich zu erkennen: die Knöllchen an den Wurzeln von Leguminosen

dienen der Ernährung der danach angebauten Kulturpflanzen.

Zusätzlich bewirkt Gründüngung eine Humusanreicherung und damit eine bessere Krümelstruktur des Bodens. Auch die Wasserversorgung wird verbessert. Der meist sehr dichte, oberirdische Wuchs der Gründüngungspflanzen bildet einen idealen Erosionsschutz und Schattenspender für den Boden, wodurch Temperaturextreme ausgeglichen werden. Durch ihre weit verzweigten und oft tief reichenden Wurzeln tragen Gründüngungspflanzen außerdem wesentlich zur Lockerung des Bodens bei.

Für eine Gründüngung sind spezielle, schnell wachsende Pflanzen besonders geeignet. Viele von ihnen gehören zu den Leguminosen, den Schmetterlingsblütlern. Diese sind in der Lage, Stickstoff im Boden anzureichern. Diese Fähigkeit verdanken die Leguminosen den Knöllchenbakterien, mit denen sie in Symbiose leben. Das ist eine Art Lebensgemeinschaft, in der jeder Partner vom anderen profitiert. Die Knöllchenbakterien besitzen die Fähigkeit, den in der Luft enthaltenen Stickstoff zu binden und ihn in die eigene Körpersubstanz einzubauen. Sterben die in den Verdickungen der Leguminosenwurzeln, den sogenannten Knöllchen, lebenden Knöllchenbakterien ab, wird der in ihnen gebundene Stickstoff frei und dient der Pflanze als Nahrung. Auf einem mit Leguminosen bepflanzten Beet kommt es so zu einer Anreicherung von Stickstoff (bis zu $4\,g\,N/m^2$), wovon die nachfolgenden Kulturpflanzen profitieren.

Besonders geeignet sind verschiedene Leguminosen, z. B. Lupinen, Weißer Steinklee, Luzerne, Erbsen, Wicken und Ackerbohnen. Außer dieser Pflanzenfamilie können die Kreuzblütler Senf, Ölrettich und Raps sowie das Wasserblattgewächs Bienenfreund als Gründüngungspflanzen ausgesät werden. Obwohl sie unfähig zur Stickstoffanreicherung im Boden sind, bringen auch Kreuzblütler alle bereits genannten Vorteile der Gründüngung mit sich. Gründüngungspflanzen sind in der Anwendung als Vorsaat, z. B. auf einem Beet, auf dem erst ab Mai Tomaten stehen sollen, geeignet. Sie können aber auch als Zwischensaat angebaut werden, d. h. nach der Ernte sehr zeitiger Kulturarten, bevor im Sommer die nächste Gemüseart folgt. Schließlich sät man Gründüngungspflanzen auch nach der Ernte auf einem Gemüsebeet aus, wo sie bis zum Winter oder Frühjahr stehen bleiben und erst dann in den Boden eingearbeitet werden (Nachsaat).

Zusatzdüngung
In einem biologisch bewirtschafteten Garten reichen normalerweise die Anwendung von Kompost, die Gründüngung und das Mulchen völlig aus, um den Boden zu düngen. Nur wenn direkt an den Pflanzen Ernährungsmängel sichtbar werden oder wenn Bodenana-

Ausgewählte Gründüngungspflanzen

Name der Pflanzenart	Aussaat-zeiten*	Boden-bedeckung	Bemerkungen
Leguminosen			
Weißer Steinklee *Melilotus alba*	4 – 9	gut	winterhart, wächst langsam
Inkarnatklee *Trifolium incarnatum*	7 – 9	gut	winterhart
Weißklee *Trifolium repens*	4 – 9	gut	winterhart, wächst langsam
Serradella *Ornithopus sativus*	4 – 8	gut	bedingt winterhart
Blaue Lupine *Lupinus angustifolius*	4 – 9	sehr gut	schnelles Wachstum, selten winterhart
Kreuzblütler			
Ölrettich *Raphanus sativus*	3 – 9	gut	schnelles Wachstum, bedingt winterhart
Senf *Sinapis alba*	3 – 8	sehr gut	schnelles Wachstum, nicht winterhart
Wasserblattgewächse			
Bienenfreund *Phacelia tanacetifolia*	3 – 9	sehr gut	bedingt winterhart, schnelles Auflaufen

*1...12 = Januar...Dezember

Zusatzdüngung ist nur bei Nährstoffmangel nötig

Organischer oder mineralischer Dünger?

123

Der Boden – Grundlage allen Lebens

Auf Mineraldünger sollte grundsätzlich verzichtet werden

lysen Nährstoffdefizite aufzeigen, ist es sinnvoll, zusätzliche Dünger einzusetzen. Dabei verzichtet der mit der Natur arbeitende Gärtner grundsätzlich auf Mineraldünger, weil diese wegen ihrer leichten Löslichkeit schnell ausgewaschen werden und oft ungenutzt in das Grundwasser gelangen. Außerdem werden mineralische Düngemittel (Kunstdünger) zum Teil unter hohem Energieeinsatz künstlich hergestellt. Ein hoher Energieverbrauch ist aber aus Sicht des Naturschutzes abzulehnen.

Statt der Mineraldünger sollten nur organische Dünger verwendet werden. Diese sind aus pflanzlichen oder tierischen Abfallprodukten aufbereitet. Organische Dünger zeichnen sich durch ihre langsame Wirkung aus. Das liegt daran, daß sie erst von Bodenorganismen verarbeitet werden müssen, bevor die in ihnen enthaltenen Nährstoffe in für die Pflanzen aufnehmbare Formen umgewandelt sind.

Stattdessen können organische Dünger verwendet werden; diese sind entweder aus Tierabfällen, Tiermist oder pflanzlichen Abfällen hergestellt

Organische Dünger bestehen entweder aus den unterschiedlichsten Tierabfällen wie Blut, Horn oder Knochen, oder sie werden aus dem Mist von Rindern, Hühnern, Schafen, Pferden, Ziegen oder Vögeln hergestellt. Der Handel bietet außerdem organische Dünger aus pflanzlichen Abfällen an, z. B. Meeresalgen, Trester, Leinsaat und Rizinusschrot.

Bei der Anwendung von organischen Düngemitteln im Garten ist es wichtig, die Dosierungsangaben der Hersteller zu beachten.

Organische Düngemittel (Zusatzdünger)
(verändert nach NIEMEYER-LÜLLWITZ, 1989)

Düngemittel	Stickstoff N (%)	Phosphor P_2O_5 (%)	Kalium K_2O (%)	Kalk Ca (%)	Spuren-elemente
Hornspäne, Hornmehl	10 – 14	4 – 8	–	6 – 7	wenig
Blutmehl	10 – 15	1 – 1,5	0,5 – 0,8	0,8 – 1	reichlich
Knochenmehl	3 – 6	13 – 24	0,2	30 – 31	mittel
Horn-, Blut-, Knochenmehl	7 – 9	12	0,3	13	mittel
Rindermist (getrocknet)	1,6 – 5	1,5 – 4	4,2 – 5	4 – 5	mittel
Guano	6 – 8	11 – 13	0,4 – 2,5	12 – 20	reichlich

Kompostwirtschaft

Ein wichtiges Glied im Stoffkreislauf des Gartens ist die Kompostwirtschaft. Durch die Anwendung von Kompost wird — wie bereits erwähnt — der durch Erntemaßnahmen im Garten unterbrochene Kreislauf der Stoffe wieder geschlossen. Sowohl organische Substanz als auch Pflanzennährstoffe werden dadurch in den Naturkreislauf zurückgeführt.

Kompostwirtschaft ist gleichzeitig ein wichtiger Beitrag zum Umweltschutz, da hierdurch Abfallvermeidung praktiziert wird. Bis zu einem Drittel kann der private Abfallberg verkleinert werden, wenn im eigenen Haushalt konsequent alle organischen Abfälle aus Haus und Garten gesammelt und kompostiert werden. Im Unterschied zu Mineraldüngern hat Kompost bei seiner Anwendung zudem keine Nebenwirkungen zur Folge.

Bei Beachtung einfacher Grundregeln ist die Herstellung dieses bodenbelebenden Düngers, kurz die Kompostwirtschaft, gar nicht schwer. Es ist wichtig zu wissen, daß am Kompostierungsprozeß verschiedene Bodenlebewesen beteiligt sind, die bestimmte Lebensbedingungen erfordern. Solche Bedingungen lassen sich herstellen, wenn man weiß, welche Abfälle kompostierbar sind und was beim Kompostieren zu beachten ist.

◁ In einem naturnahen Garten ist das Kompostieren selbstverständlich

Kompostwirtschaft

**Der Kompostierungs-
prozeß läuft in drei
Teilabschnitten ab:**
– **Abbauphase**
– **Umbauphase**
– **Aufbauphase**

**Temperaturen
bis 70 °C kennzeich-
nen den ersten Teil-
abschnitt der
Kompostierung**

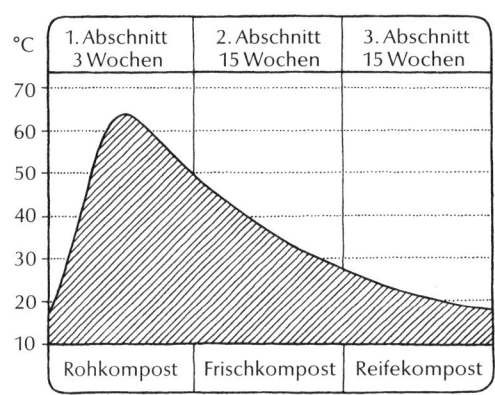

Der Rotteprozeß (Temperaturkurve)

Kompostierungsprozeß

Der Prozeß der Kompostierung, auch
Rotte genannt, umfaßt grob gesehen
drei Teilabschnitte, den Abbau, Umbau
und Aufbau des organischen Materials.
Die dabei ablaufenden Umsetzungsprozesse werden vorwiegend von luft-
atmenden Kleinstlebewesen, den sogenannten Mikroorganismen, vollzogen. Diese sind so klein, daß man sie mit
dem bloßen Auge gar nicht erkennen
kann. In den einzelnen Phasen der
Kompostierung sind verschiedene
Gruppen von Bodenlebewesen aktiv.

Abbauphase (Vorrotte oder Heißrotte)
Der erste Teilabschnitt der Kompostierung, die Vorrotte, wird von Bakterien,
Algen und Protozoen (Urtierchen) ein-
geleitet. Sie ernähren sich von leicht
abbaubaren Stoffen wie Eiweiß und
Zucker. Beim Abbau dieser Stoffe entstehen Wasser, Kohlendioxid und vor
allem Wärme. Bereits nach drei bis sieben Tagen können dabei Temperaturen bis 70 °C entstehen — allerdings nur
im Inneren des Kompostes. Das ist er-
wünscht, weil durch die Hitzeentwick-
lung Wildkrautsamen, Keimlinge,
Schadorganismen und andere Krankheitserreger absterben (Hygienisie-
rung). Die abtötende Wirkung ist jedoch nur dann erfolgreich, wenn die
hohen Temperaturen mindestens 2 bis
3 Tage lang anhalten. In dieser Phase
heißt das Material Rohkompost. Nach
etwa 2 bis 4 Wochen ist die Heißrotte
beendet.

Umbauphase

Während der Umbauphase sinkt die Temperatur im Kompost auf 35°C ab, und es setzt ein verstärktes Pilzwachstum ein. Durch die Aktivität der Strahlenpilze (Actinomyzeten) werden jetzt auch schwerer zersetzbare Substanzen wie Zellulose (Hauptbestandteil von Holz) abgebaut. Dabei entsteht der typische angenehme Walderdegeruch. Der Kompost sackt während dieser Zeit bis auf die Hälfte seines ursprünglichen Volumens zusammen. Am Ende der zweiten Phase ist aus den organischen Abfällen Frischkompost geworden, der im Garten zu Düngungszwecken bereits Verwendung finden kann. Die Umsetzung von Rohkompost zu Frischkompost dauert etwa 3 Monate.

Aufbauphase

Im dritten Teilabschnitt der Rotte stellen sich im Kompost Temperaturen um etwa 20°C ein. Diese lassen eine stärkere Besiedlung durch Kleintiere wie Springschwänze, Bodenmilben, Tausendfüßler, Asseln und Kompostwürmer (*Eisenia foetida*) zu. Deren Aufgaben bestehen darin, das Kompostmaterial zu zerkleinern sowie organische mit mineralischen Bestandteilen zu vermengen. Dabei werden die stabilen Ton-Humus-Komplexe aufgebaut. Das sind Verbindungen zwischen mineralischen Bodenkrümeln und organischen Substanzen. Es kommt zu einer zunehmenden Schwarzfärbung des Kompostes. Am Ende dieses mehrere Monate

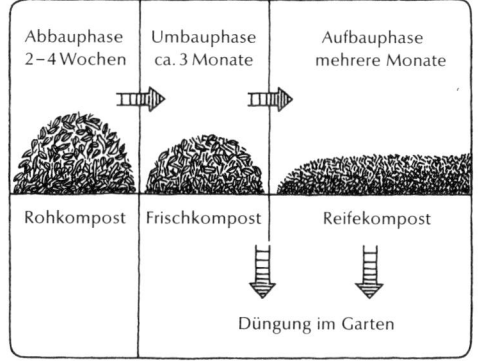

In der Umbauphase sackt der Kompost stark zusammen; es entsteht der nährstoffreiche Frischkompost

Mit der Hilfe von Kleintieren werden in der Aufbauphase stabile Verbindungen zwischen organischen und mineralischen Bestandteilen aufgebaut; das Produkt ist Reifekompost

Komposthaufen: Lebensraum für viele Tiere und Pflanzen

Nach etwa 6–8 Monaten ist der Kompost reif und kann nach dem Durchwerfen verwendet werden

129

Kompostwirtschaft

dauernden Entwicklungsabschnittes ist aus den organischen Abfällen Reifekompost geworden.

Was gehört auf den Kompost?

Grundsätzlich können alle pflanzlichen und tierischen Stoffe zum Verrotten auf den Kompost gegeben werden. Es ist allerdings zu beachten, daß das Nährstoffangebot für die an der Kompostierung beteiligten Mikroorganismen möglichst ausgewogen sein sollte. Dies läßt sich durch eine gute Mischung verschiedenster organischer Materialien erreichen. Je vielfältiger die Mischung ist, desto ausgewogener ist auch die Zusammensetzung an Nährstoffen, die später dem Gartenboden zurückgegeben werden. Für eine Kompostierung sind die meisten organischen Rohstoffe aus Haushalt und Garten geeignet.

Organische Haushaltsabfälle
Zu den kompostierbaren Rohstoffen aus dem Haushalt gehören alle Küchenabfälle von Obst und Gemüse sowie Kaffee- und Teesatz. Auch gekochte Speisereste können kompostiert werden, gehören aber möglichst in die Mitte des Kompostes, um keine Tiere, zum Beispiel Ratten, anzulokken. Eierschalen eignen sich wegen ihres Kalkgehaltes besonders gut zur Kompostierung. Damit die Schalen schneller abgebaut werden, sollte man sie vor dem Kompostieren zerkleinern.

Die meisten organischen Abfälle aus Haushalt und Garten sind kompostierbar

Abfälle für den Kompost

Aus der Küche dürfen auf den Kompost: die Reste von Obst, Gemüse, Kaffee- und Teesatz sowie Eierschalen

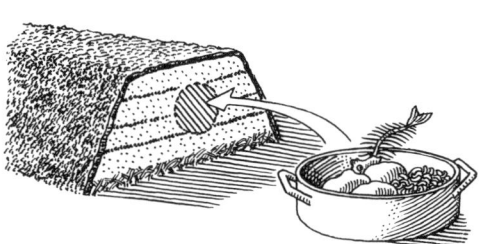

Gekochte Speisereste gehören in die Mitte des Kompostes

Was gehört auf den Kompost?

Die mit Konservierungsstoffen behandelten Schalen von Zitrusfrüchten aber auch von Bananen enthalten persistente, d.h. langlebige Spritzgifte, die sich im Kompost nur sehr langsam abbauen und die Rotte hemmen. Die Schalen können dennoch mitkompostiert werden, solange die anfallenden Mengen im Vergleich zu den anderen organischen Abfällen gering sind.

Auch der Mist von Kleintieren und die Sägemehleinstreu bei Hamstern und Katzen eignen sich ausgezeichnet für eine Kompostierung. Bei gekaufter Katzenstreu ist aber darauf zu achten, daß sie nur dann kompostiert werden kann, wenn auf der Verpackung ausdrücklich auf die Kompostierbarkeit der Streu hingewiesen wird. Sogar Papier und Pappe können – allerdings nur in kleinen Mengen – mitkompostiert werden. Es empfiehlt sich jedoch, alles vorher gut zu zerkleinern und in Wasser oder noch besser Kräuterjauche einzuweichen. Buntdrucke und Hochglanzpapier dürfen aber aufgrund hoher Schwermetallgehalte auf keinen Fall einer Kompostierung zugeführt werden. Ebenfalls für eine Kompostierung ungeeignet sind Steinkohlen- und Braunkohlenasche sowie Grillkohle, weil auch diese Abfälle meist umweltbelastende Schwermetalle enthalten. Aus dem gleichen Grund gehört der Inhalt von Staubsaugerbeuteln nicht auf den Kompost.

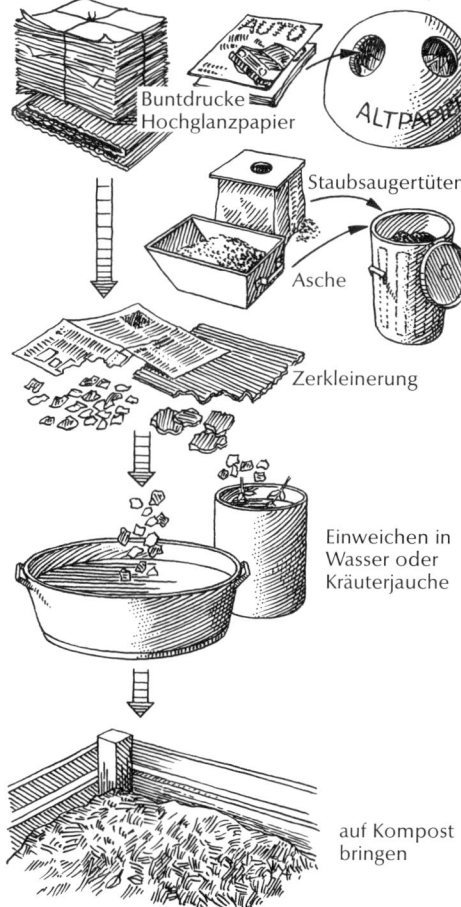

Buntdrucke Hochglanzpapier

ALTPAPIER

AUTO

Staubsaugertüten

Asche

Zerkleinerung

Einweichen in Wasser oder Kräuterjauche

auf Kompost bringen

Papier kompostieren

Die Schalen von Zitrusfrüchten und Bananen können in kleinen Mengen bedenkenlos mitkompostiert werden

Der Mist von Kleintieren und ebenso die Stalleinstreu sind kompostierbar

Zusammen mit organischen Abfällen können auch Papier und Pappe kompostiert werden

Wegen Schwermetallbelastung dürfen nicht kompostiert werden:
– Buntdrucke und Hochglanzpapier
– Steinkohlen- und Braunkohlenasche
– Grillkohle
– der Inhalt von Staubsaugerbeuteln

131

Kompostwirtschaft

Aus dem Garten sind alle Ernterückstände, Wildkräuter, Laub, Grasschnitt, Staudenstengel, Zweige, Äste und Topfpflanzen kompostierbar

Samentragende Wildkräuter möglichst in die Mitte des Kompostes

Samentragende Wildkräuter und Teile von kranken Pflanzen gehören in die Mitte des Kompostes

Die wichtigsten Grundregeln:
- **ausreichend Luft und Sauerstoff durch lockere Schichtung**
- **ausreichend Feuchtigkeit, um die Mikroorganismen zu aktivieren**
- **optimale Temperaturen, damit der Rotteprozeß schnell zu gutem Kompost führt**

Gartenabfälle

An Gartenabfällen sind alle Ernterückstände, ferner Wildkräuter, Laub, Grasschnitt, Staudenstengel, Zweige, Äste aber auch Topfpflanzen mit Erdballen – alles möglichst zerkleinert – für die Kompostierung geeignet. Auch Wildkräuter können kompostiert werden. Samentragende Wildkräuter erfordern jedoch eine Sonderbehandlung. Damit sie später auf den Gartenbeeten nicht auskeimen, müssen die Samen abgetötet werden. Dies läßt sich machen, indem die Wildkräuter in die Mitte des Kompostes gegeben werden, wo die Samen die hohen Temperaturen während der Vorrotte nicht überleben. Gleiches gilt für kranke Pflanzen. Wenn aber nicht sicher zu gewährleisten ist, daß im Kompost die hohen keimtötenden Temperaturen über mehrere Tage anhalten können, sollten Teile von kranken Pflanzen nicht kompostiert werden.

Grundregeln der Kompostierung

Über Erfolg und Mißerfolg der Kompostwirtschaft sind die Lebewesen im Kompost verantwortlich, also von den größeren Tieren wie Asseln und Regenwürmern bis hin zu den kleinsten Mikroorganismen wie Bakterien und Pilzen. Für diese Lebewesen müssen möglichst günstige Lebensbedingungen geschaffen werden, damit die Rotte der organischen Rohstoffe im Kompost schnell und richtig abläuft.

Grundregeln der Kompostierung

Unter Beachtung der folgenden Grundregeln ist das möglich.

Vielfältiges Ausgangsmaterial

Zum Aufbau ihrer eigenen Körpersubstanz benötigen die Mikroorganismen unter anderem Stickstoff. Den organisch gebundenen Kohlenstoff nutzen sie als Energielieferant und als Baustoff. Für eine zügig ablaufende Rotte ist im Kompostmaterial ein ausgewogenes Verhältnis zwischen den beiden Stoffen erforderlich. Das sogenannte C/N-Verhältnis sollte zwischen 20:1 und 30:1 liegen. Ist es größer als 30:1, verlangsamt sich die Rotte, da sich die Mikroorganismen nicht entsprechend schnell vermehren können. Ist das C/N-Verhältnis enger als 20:1, sind Stickstoffverluste durch Auswaschung möglich.

Ein ausgewogenes C/N-Verhältnis im Kompost läßt sich durch eine vielfältige Zusammensetzung verschiedenster Materialien mit unterschiedlichem C/N-Verhältnis erzielen. Außerdem fördern besonders das Zerkleinern der Ausgangsmaterialien und bei Bedarf eine zusätzliche Stickstoffversorgung die Umsetzungsprozesse.

Gute Durchmischung

Das Ausgangsmaterial muß vor dem Aufsetzen des Kompostes unbedingt gut durchmischt werden, d. h. trockenes wird mit feuchtem, grobes mit feinem, stickstoffreiches mit kohlenstoffreichem Material gemischt. Dadurch wird für eine gute Belüftung, eine aus-

Kohlenstoff-Stickstoff-Verhältnis (C/N-Verhältnis) organischer Materialien

Material	C/N-Verhältnis
Fäkalien	< 10:1
Rasenschnitt	12...20:1
Gemüseabfälle	13:1
Gemischte Gartenabfälle	20:1
Stallmist	20...30:1
Gemischte Küchenabfälle	23:1
Laub	40...50:1
Stroh	50...125:1
Papier	170:1
Sägemehl	200...500:1
Holz, Rinde	700:1
Ideal für den Kompostierungsprozeß	20...30:1

Durch eine vielfältige Zusammensetzung der Kompostmaterialien wird ein ausgewogenes C/N-Verhältnis erreicht

Bleiben trotz richtigem Rotteverlauf einige Reste, dann wird der Kompost durchgesiebt und die unverrotteten Teile gehören in die nächste Miete

Eine gute Durchmischung aller Materialien sorgt für eine gute Belüftung, eine ausreichende Feuchtigkeit und ein ausgewogenes C/N-Verhältnis im Kompost

Kompostwirtschaft

Ein Umsetzen des Kompostes ist nicht immer erforderlich, fördert aber in jedem Fall den Rotteprozeß

Die Zufuhr von Luftsauerstoff in allen Bereichen des Kompostes muß ständig gewährleistet sein

Lockeres und luftiges Aufschichten des Ausgangsmaterials

reichende Feuchtigkeit und ein ausgewogenes C/N-Verhältnis im Kompost gesorgt. Je besser die Durchmischung, desto besser verläuft die Rotte. Auch das Umsetzen des Kompostes nach einigen Wochen wirkt sich auf den Rotteverlauf positiv aus, weil dabei das Kompostmaterial erneut durchmischt wird. Ein Umsetzen des Kompostes kann aber unterbleiben, wenn beim Mischen, Aufsetzen und Abdecken der Abfälle ein wenig Mühe eingesetzt wird. Der Kompost muß auf jeden Fall dann umgesetzt werden, wenn in ihm Fäulnisprozesse ablaufen, die sich an der unangenehmen Geruchsbildung erkennen lassen.

Luftsauerstoffzufuhr

Die Kompostierung ist ein Vorgang, der Luftsauerstoff benötigt. Herrscht im Kompost Sauerstoffmangel, kommt es zu Fäulnis des organischen Materials. Dies ist unbedingt zu verhindern, indem für eine ausreichende Luftsauerstoffzufuhr gesorgt wird, das heißt konkret:

- der Boden unter dem Kompostplatz muß offen und wasserdurchlässig sein; es darf keine Staunässe entstehen, die Luftabschluß zur Folge hat
- feines Kompostmaterial muß stets mit grobem, strukturreichem Material gut durchmischt werden
- das Kompostmaterial muß locker aufgeschichtet werden
- bei Kompostbehältern sorgen seitliche Löcher oder Luftschlitze für eine ausreichende Luftzufuhr.

134

Gleichmäßige Feuchtigkeit

Die Aktivität der Bodenlebewesen, besonders die der Bakterien, wird durch Trockenheit gehemmt. Deshalb muß der Kompost immer gleichmäßig feucht gehalten werden. Andererseits darf er nicht zu naß werden, weil dadurch die Belüftung des Kompostmaterials beeinträchtigt werden könnte. Ein schattiger Standort im Garten unter Gehölzen verhindert sowohl das Austrocknen durch zu starke Sonnenbestrahlung und Windeinwirkung als auch eine zu starke Vernässung bei heftigen Regengüssen.

Gute Wärmeentwicklung

Durch Wärme wird die Aktivität der Bodenorganismen gefördert. Deshalb laufen die Umsetzungen im Kompost während der wärmeren Jahreszeit schneller ab als im Winter.

Ist die Rotte erst einmal in Gang gekommen, entwickelt sich im Kompost Wärme. Dies ist auf die Arbeit der verschiedenen Mikroorganismen, insbesondere während der ersten Rottephase auf die Arbeit der Bakterien, zurückzuführen. Temperaturen bis zu 70 °C können sich dabei aber nur dann einstellen, wenn der Kompost möglichst in einem Zuge aufgesetzt wird. Dies setzt voraus, daß die organischen Abfallstoffe aus Haus und Garten zunächst auf einem gesonderten Platz gesammelt werden. Erst wenn genügend Material zusammengekommen ist, werden die Abfälle aufgeschichtet. Damit sich im Kompost schnell die

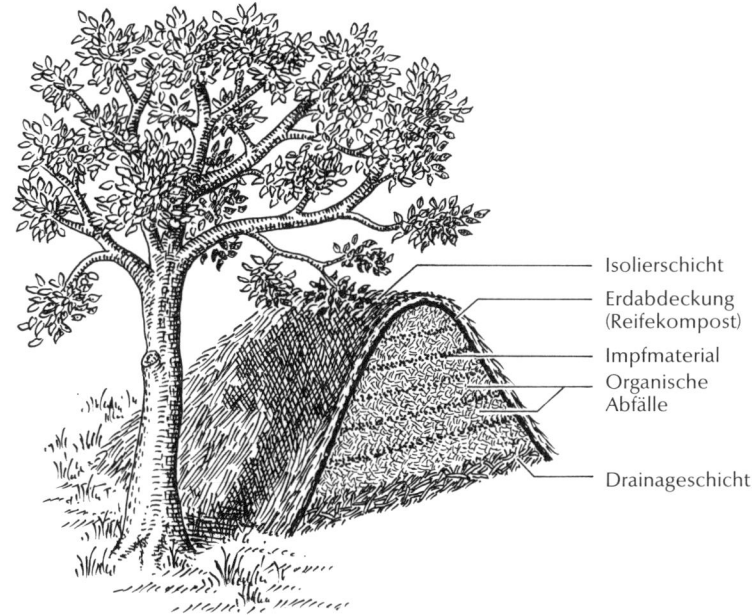

Isolierschicht
Erdabdeckung (Reifekompost)
Impfmaterial
Organische Abfälle
Drainageschicht

Komposthaufen

Reifer Kompost dient als Impfmaterial für neu angelegten Kompost

135

Kompostwirtschaft

für die Umsetzung nötige Wärme entwickeln kann, sollte der Komposthaufen eine Mindesthöhe von 1 m aufweisen.

Kompostierungsverfahren

Ob nun in einer Miete oder in einem Kompostbehälter kompostiert wird, ist eigentlich gleich. Beide Verfahren bringen jedoch verschiedene Vor- und Nachteile mit sich. Bei der Mieten-Kompostierung ist von Vorteil, daß überhaupt keine Anschaffungskosten entstehen. Außerdem ist die Größe einer Kompostmiete nicht von vornherein festgelegt, sondern kann bei Bedarf, z. B. wenn saisonbedingt größere Abfallmengen anfallen, beliebig erweitert werden. Ein weiterer Vorteil der Mieten-Kompostierung liegt darin, daß der Kompost von allen Seiten leicht zugänglich ist.

Ein Nachteil von Kompostmieten ist ihr großer Flächenbedarf. Die Kompostierung in einer Miete empfiehlt sich deshalb vor allem für größere Gärten, wo der Platzbedarf keine Rolle spielt. In kleineren Gärten sind dagegen die platzsparenden Kompostbehälter vorzuziehen.

Ein wichtiger Vorteil der Kompostierung in Behältern ist die geringere Oberfläche des Kompostes im Vergleich zur Mieten-Kompostierung. Auch wenn nur kleine Mengen kompostiert werden, kann deshalb die Wärme

Vorteile einer Kompostmiete:
- keine Anschaffungskosten
- die Größe ist veränderbar
- leichte Zugänglichkeit des Kompostes

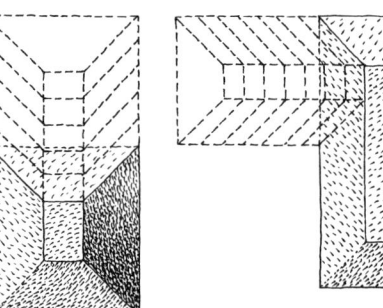

Kompostmieten sind beliebig in alle Richtungen erweiterbar

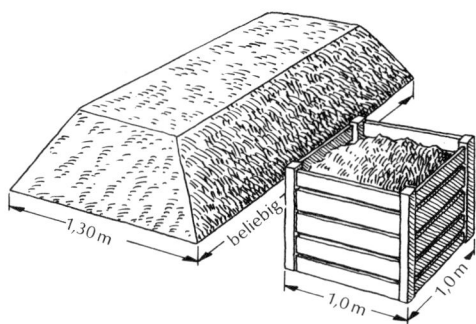

Abmessungen von Kompostmiete und Kompostbehälter

im Kompost weniger leicht entweichen, insbesondere dann, wenn der Behälter auch noch wärmeisoliert ist. So lassen sich auch kleine Mengen organischer Abfälle schnell kompostieren.

Kompostmiete

Eine Kompostmiete sollte 1,20 bis 1,50 m breit und zwischen 0,80 und 1,20 m hoch sein. Die Seiten fallen schräg ab. Die Länge einer Miete ist beliebig. Der Kompost wird ebenerdig und nur auf dem naturbelassenen Gartenboden angelegt. Als erstes wird eine Schicht aufgebaut, die der Luftzufuhr und der Drainage dient. Dazu wird strukturreiches Material wie Reisig, Strauch- und Baumschnitt sowie Holzhäcksel zu einer ca. 20 cm hohen Schicht ausgelegt.

Auf dieser Unterlage werden dann alle restlichen Garten- und Küchenabfälle aufgebaut. Vor dem Aufsetzen werden die Abfälle zerkleinert und anschließend mit einer Grabe- oder Mistgabel gut durchmischt. Das Kompostgut sollte vielseitig zusammengesetzt sein, denn erst das bietet die Gewähr für einen günstigen Rotteverlauf.

Nun wird die Mischung locker auf die Reisigunterlage aufgeschichtet, wobei Küchenabfälle und Wildkräuter vorzugsweise in die Mitte des Haufens eingebaut werden, da dort die höchsten Temperaturen entstehen. Etwa nach jeweils 30 cm wird das Material mit einer dünnen Schicht aus fertigem Kompost abgedeckt. Damit impft man

Zerkleinern

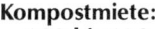

Aufschichten

Impfen

Aufsetzen einer Kompostmiete

Vorteile von Kompostbehältern:
– geringerer Flächenbedarf
– geringere Oberfläche des Kompostes; dadurch weniger Wärmeverluste

Kompostmiete:
– 1,20 bis 1,50 m breit
– 0,80 bis 1,0 m hoch
– beliebig lang

Aufbau einer Kompostmiete:
– naturbelassener Gartenboden, darüber:

137

Kompostwirtschaft

– **Drainageschicht bestehend aus strukturreichem Material, darüber:**
– **Mischung aus allen anderen organischen Abfällen, die mit fertigem Kompost »geimpft« werden**

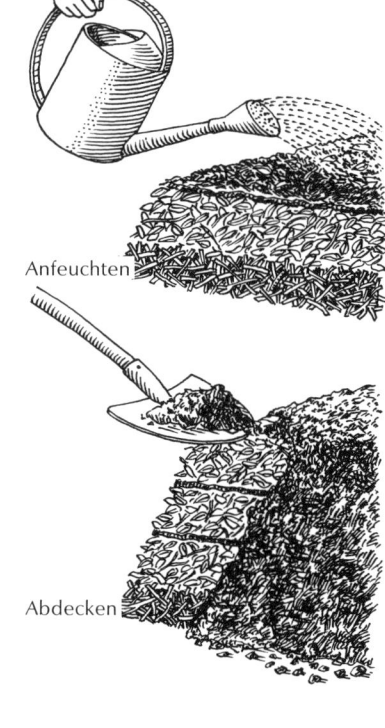

Anfeuchten

Abdecken

Eine Abdeckung aus Erde schützt den Kompost vor Vernässung und Austrocknung

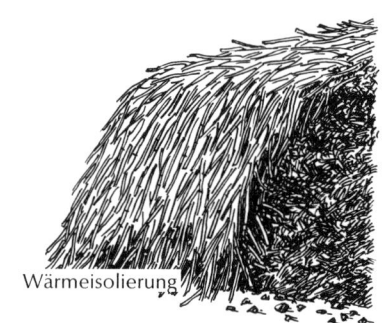

Wärmeisolierung

Aufsetzen einer Kompostmiete

den Kompost mit für den Kompostierungsprozeß wichtigen Bodenlebewesen.

Die Impfung kann aber auch vor dem Aufsetzen durch das direkte Einmischen einiger Schaufeln Reifekompost unter die Ausgangsstoffe erfolgen. Neben fertigem Kompost können zur Rottebeschleunigung auch gekaufte Zuschlagstoffe, sogenannte Kompoststarter, zwischen die organischen Abfälle gestreut werden. Sie sollten aber sparsam verwendet und nur dünn über die Gartenabfälle verteilt werden. Wenn die Ausgangsstoffe zu trocken sind, kann man sie anfeuchten.

Hat der Komposthaufen die gewünschte Höhe erreicht, wird er mit Erde abgedeckt. Diese Abdeckung schützt den Haufen vor Vernässung und vor Austrocknung. Eine zusätzliche Heu- oder Strohschicht über der Erdabdeckung wirkt wärmeisolierend und trägt dadurch zu einer Beschleunigung der Rotte bei.

Ein Umsetzen der Miete ist zu empfehlen, wenn sich im Kompost während der Rotte nasse, trockene oder sogar faulende Zonen bilden. Beim Umsetzen wird das Kompostgut erneut durchmischt und neben dem alten Haufen wieder locker aufgeschichtet.

Kompostbehälter

Das Angebot an Kompostbehältern ist in den vergangenen Jahren stetig gewachsen. Ein Überblick läßt sich nur sehr schwer verschaffen und Vergleiche sind vielfach nicht oder nur schwer möglich. Die Behältersysteme lassen sich prinzipiell in zwei Kategorien einteilen:

- **oben und unten offene Behälter:** Sie bestehen entweder aus Holz, Stein oder Drahtgeflecht und können auch im Eigenbau erstellt werden.
- **geschlossene Behälter:** Sie sind in der Regel aus Kunststoff, zum Teil recyceltem, hergestellt und schützen gegen hohe Feuchtigkeit. Unter den Kunststoffkompostern gibt es wiederum die sogenannten »Thermo-Komposter«, die aufgrund ihrer Isolierung zu einer schnellen Verrottung der Abfälle beitragen.

Für das Befüllen von Kompostbehältern mit Garten- und Küchenabfällen, d. h. für das Aufsetzen des Kompostes, gelten natürlich die gleichen Regeln wie bei der Mietenkompostierung. Auch hier sind die gute Durchmischung und eine lockere Einfüllung der Stoffe sowie die Regulation der Feuchtigkeit zu beachten.

Flächenkompostierung
Bei der Flächenkompostierung werden die organischen Abfälle nicht zentral an einer Stelle, sondern direkt auf den Beeten, also auf der Fläche kompostiert. Zu diesem Zweck werden alle schnell kompostierbaren Materialien nach kurzem Anwelken zerkleinert, gut durchmischt und schließlich in einer dünnen Schicht auf dem Boden der Pflanzflächen verteilt. Diese Deckschicht wird nur leicht, d. h. oberfläch-

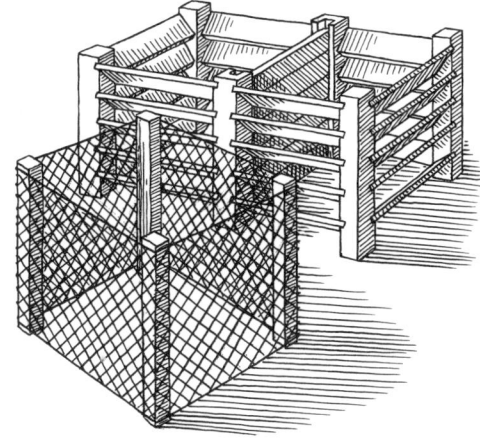

Nach oben und unten offene Kompostbehälter

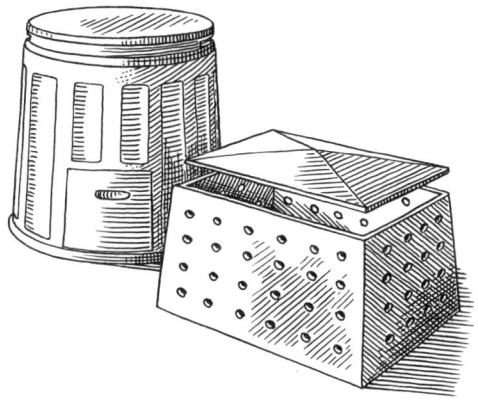

Oben geschlossene Kompostbehälter

Komposter lassen sich einteilen in:
- **die oben und unten offenen Behälter und**
- **die geschlossenen Behälter**

Beim Kompostieren in Behältern gilt das gleiche wie bei der Mietenkompostierung

Flächenkompostierung findet direkt auf den Beeten statt; wie beim Mulchen werden die Abfälle dünn auf der Fläche verteilt, dann aber – im Unterschied zum Mulchen – flach in den Boden eingearbeitet

Kompostwirtschaft

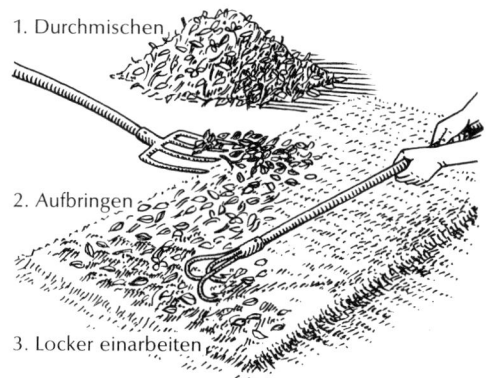

1. Durchmischen

2. Aufbringen

3. Locker einarbeiten

Flächenkompostierung

Kompostzuschlagstoffe fördern den Rotteprozeß, indem sie ihn starten bzw. beschleunigen

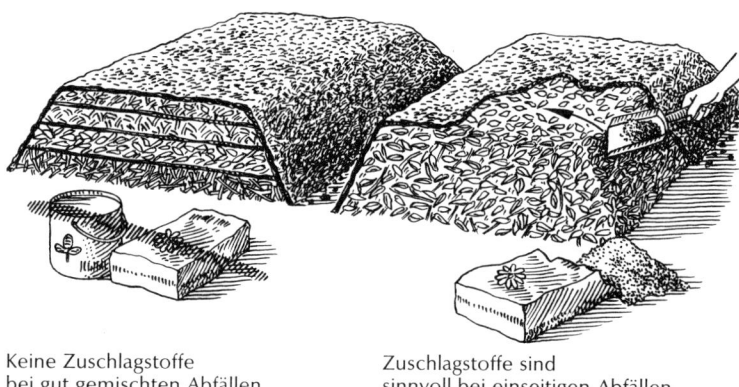

Keine Zuschlagstoffe bei gut gemischten Abfällen

Zuschlagstoffe sind sinnvoll bei einseitigen Abfällen

lich in den Boden eingearbeitet. Dort verrotten die organischen Abfälle.

Für eine Flächenkompostierung ungeeignet sind samentragende Wildkräuter sowie kranke und von Schädlingen befallene Pflanzenteile, da bei diesem Kompostierungsverfahren die hohen, keimtötenden Temperaturen nicht erreicht werden.

Kompostzuschlagstoffe

Kompostzuschlagstoffe sind Hilfsmittel, die den Rotteprozeß fördern. Bei guter Aufbereitung und Mischung der Kompostrohstoffe sowie lockerer Schüttung und günstigen Feuchtigkeitsbedingungen läuft der Rotteprozeß von selbst ab, zusätzliche Hilfsmittel sind nicht erforderlich.

Als sinnvoll erweist sich die Anwendung von Kompostzuschlagstoffen aber dann, wenn das Kompostmaterial abwechslungslos ist und nicht vielfältig zur Verfügung steht. Der Handel bietet sogenannte **Kompoststarter** an. Das sind rottefördernde Mikroorganismen, meist in getrocknetem Zustand. Ihr Einsatz ist umstritten. Ein besserer Kompoststarter, der zudem keine Kosten verursacht, sind einige Schaufeln fertiger Kompost oder Gartenerde. Darin befinden sich bereits unzählig viele Kleinlebewesen, die am Rotteprozeß beteiligt sind. Der fertige Kompost wird, gewissermaßen als »Impfmittel«, einfach zwischen den neu angesammelten Abfall als Kompoststarter gestreut.

Von größerer Bedeutung sind die **Kompostbeschleuniger**. Sie zielen vor allem darauf ab, die Lebensbedingungen der Mikroorganismen im Kompost zu optimieren. Bei gut durchmischten Abfällen aus Haus und Garten sind Kompostbeschleuniger in der Regel nicht nötig. Sind die Abfälle aber sehr einseitiger Natur, empfiehlt sich die Zugabe von Kompostbeschleunigern. So ist bei eher sauer reagierenden Materialien, z. B. bei hohen Anteilen an Grasschnitt oder größeren Mengen an stark säurehaltigem Laub, die Zugabe von etwas Algenkalk oder kohlensaurem Kalk günstig. Durch die Kalkgaben wird der Säuregrad im Kompostmaterial abgemildert. Der Kalk wird beim Aufsetzen des Kompostes nach und nach über das Gras bzw. Laub gepudert.

Sollen große Mengen kohlenstoffreicher Materialien wie Stroh, Strauch- und Baumschnitt, Rinde, Sägemehl und Papier sowie Laub kompostiert werden, empfiehlt sich die Zumischung von zusätzlichem Stickstoff. Um das kohlenstoffreiche Material umsetzen zu können, benötigen die am Kompostierungsprozeß beteiligten Mikroorganismen nämlich mehr Stickstoff als in den genannten Materialien vorhanden ist (C/N-Verhältnis). Geeignete stickstoffhaltige Kompostzusätze sind die organischen Stickstoffdünger Horn-, Knochen- und Blutmehl, die zur Stickstoffanreicherung über das Kompostmaterial gestreut werden.

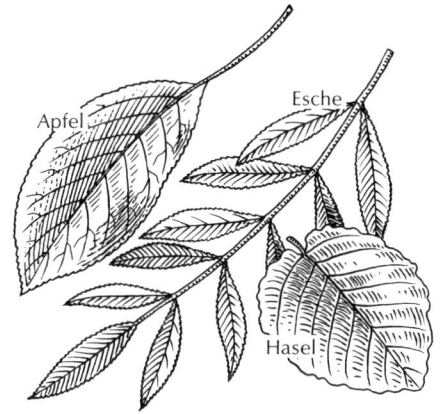

Apfel · Esche · Hasel

Leicht verrottbares Laub

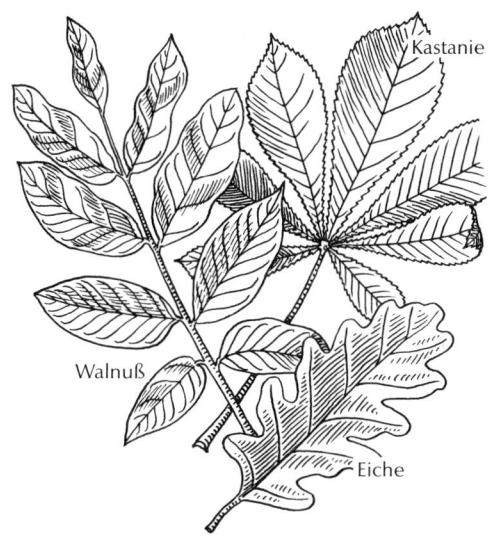

Kastanie · Walnuß · Eiche

Schwer verrottbares Laub

Kompostbeschleuniger verbessern im Kompost die Lebensbedingungen der Mikroorganismen

Bei »sauer« reagierenden Abfällen ist Kalk ein sinnvoller Kompostzuschlagstoff

Bei kohlenstoffreichem Material ist die Zumischung von organischen Stickstoffdüngern empfehlenswert

Kompostwirtschaft

Gesteinsmehl bringt als Kompostzuschlagstoff gleich mehrere positive Wirkungen mit sich

Gesteinsmehl, ein weiterer Kompostzuschlagstoff, bewirkt im Kompost eine Verbesserung der Struktur, d. h. eine Lockerung. Darüber hinaus wird der Kompost mit wichtigen Spurenelementen angereichert. Gesteinsmehl besitzt ein hohes Bindungsvermögen und trägt so dazu bei, Stickstoffverluste aus dem Kompost zu vermeiden. Auch andere wertvolle Stoffe werden so vor der Auswaschung geschützt. Da Gesteinsmehle außerdem Gerüche binden, werden sie bevorzugt über Küchenabfälle und andere Materialien gestreut, die zur Geruchsbildung neigen und dadurch eventuell Ungeziefer anlocken.

Kompostzuschlagstoffe

Zuschlagstoffe	Anwendung	Wirkung
Kalk (Algenkalk, kohlensaurer Kalk)	bei sauer reagierenden Materialien	neutralisierend
Horn-, Knochen-, Blutmehl	bei stickstoffarmen Materialien	stickstoffanreichernd
Gesteinsmehl (Tonminerale, Bentonit)	bei stickstoffreichen Materialien und bei riechenden Küchenabfällen	nährstoffbindend, geruchsbindend sowie strukturverbessernd

Die Zugabe von Tonmehl fördert im Kompost die Bildung von Dauerhumus, → Kapitel »Der Boden – Grundlage allen Lebens«, S. 118

Das feinste Gesteinsmehl ist das Tonmehl, bekannter unter dem Namen Bentonit. Das im Bentonit enthaltene Tonmineral begünstigt im heranreifenden Kompost die Bildung von Ton-Humus-Komplexen mit Hilfe der Bodenlebewesen. Durch Zugabe von Tonmehl zum Kompost wird also die Bildung von Dauerhumus gefördert. Dauerhumus dient – wie schon erwähnt – vor allem der Strukturverbesserung eines Bodens und bildet gleichzeitig seine Nährstoffreserve. Das Tonmehl darf nur sehr dünn und ohne Klumpen über den Kompost gestreut werden.

Gesteinsmehl hilft, Ratten vom Kompost fernzuhalten

Durch die Bepflanzung des Kompostes
sind Schatten und Schutz vor Austrocknung
gewährleistet

Biologischer Pflanzenschutz

Pflanzenschutzmaßnahmen sind zweifellos sehr wichtig, da sie die Kulturpflanzen vor Krankheiten beziehungsweise vor starkem Befall mit Schädlingen schützen. Es kann aber nicht im Sinne des Naturschutzes sein, zu diesem Zweck giftige Spritzmittel zu verwenden, denn damit werden außer den Verursachern der Krankheiten auch alle Nützlinge abgetötet. Vielmehr sollte es den Krankheitserregern so wenig schmackhaft wie möglich gemacht werden, die Kulturpflanzen zu befallen. Vorbeugende Maßnahmen spielen deshalb beim biologischen Pflanzenschutz eine wichtige Rolle. Ihnen soll im Rahmen dieses Buches die hauptsächliche Beachtung geschenkt werden.

Auf den Garten bezogen bedeutet vorbeugender Pflanzenschutz, hier für solche Bedingungen zu sorgen, die eine Massenvermehrung von Krankheitserregern bzw. Schädlingen erst gar nicht zulassen oder wenigstens erschweren.

Sind die Kulturpflanzen bereits von einer Krankheit oder von Schädlingen befallen, reichen die vorbeugenden Maßnahmen zur Eindämmung des Befalls natürlich nicht mehr aus. In einem solchen Fall wird der gezielte Einsatz von Pflanzenschutzmitteln erforderlich. Bei der Anwendung von biologischen Pflanzenschutzmitteln werden die Schädlinge aber nur abgewehrt. Der Schaden und seine Verursacher werden dabei nicht vollkommen vertrieben, sondern auf ein erträgliches Maß begrenzt.

◁ Ein Reisighaufen bietet vielen Tieren ein gutes Versteck und ist einfach anzulegen

Biologischer Pflanzenschutz

Vorbeugende Pflan-
zenschutzmaßnahmen
umfassen:
– die Stärkung der
  Kulturpflanzen
– den Schutz der
  Kulturpflanzen
  vor Befall

Boden locker halten

Schonende Boden-
lockerung hält nicht
nur den Boden,
sondern auch die
Pflanzen gesund

Kümmerwuchs bei Nährstoffmangel

Vorbeugende Pflanzenschutzmaßnahmen

Vorbeugen ist immer besser als Heilen. Dies gilt besonders für den biologischen Pflanzenschutz und bedeutet, daß der Naturgärtner zuallererst für die Stärkung der Kulturpflanzen sorgt, um sie so widerstandsfähiger gegen Krankheiten und Schädlinge zu machen. Aber auch Maßnahmen, welche die Pflanzen vor einem Befall direkt schützen, gehören dazu.

Gesunderhaltung des Bodens

Die gesamte Entwicklung der Kulturpflanzen hängt zu einem großen Teil vom Boden ab. Deshalb ist die Gesunderhaltung des Bodens ein wichtiger Beitrag zur Stärkung der Pflanzen und damit zum vorbeugenden Pflanzenschutz. Günstig für eine gesunde Entwicklung der Pflanzen ist ein lockerer und humusreicher Boden, in dem viele Bodenorganismen leben. Um solch einen günstigen Zustand zu erreichen, sollte man den Boden regelmäßig lockern und die darin existierenden Lebewesen möglichst schonen.

Von sehr großer Bedeutung für ein gesundes Wachstum der Kulturpflanzen ist weiterhin ihre Ernährung. Sind die Pflanzen unterversorgt, haben also nicht ausreichend Nährstoffe zur Verfügung, kommt es zu Mangelerscheinungen und kümmerlichem Wuchs. Umgekehrt neigen übermäßig mit Nährstoffen versorgte Pflanzen zu ei-

Vorbeugende Pflanzenschutzmaßnahmen

nem schnellen, starken Wachstum. Ihr Gewebe ist wasserreich, die Blätter sind schwammig. Solche Pflanzen haben eine verminderte Widerstandsfähigkeit gegenüber Krankheiten beziehungsweise Schädlingsbefall.

Eine möglichst ausgewogene Ernährung der Pflanzen ist also die beste Voraussetzung, damit sie sich gut entwickeln und gesund bleiben. Ihr Wachstum soll gefördert, aber nicht angetrieben werden. Die Ernährung der Pflanzen kann aber nur dann harmonisch und ausgewogen sein, wenn auch der Nährstoffgehalt des Bodens ausgewogen ist. Diesen Idealzustand des Bodens kann man durch die bereits beschriebenen bodenverbessernden Maßnahmen erhalten, also durch die Zufuhr von Kompost, das Mulchen, die Gründüngung sowie in Ausnahmefällen die Zusatzdüngung. Die Maßnahmen zur Humuspflege des Bodens sind gleichzeitig wichtige vorbeugende Maßnahmen gegen Krankheiten und Schädlinge an den Kulturpflanzen.

Auch Flüssigdünger, die aus getrockneten oder frischen Kräutern, z. B. Brennesseln, selbst hergestellt werden können, aktivieren das Bodenleben und versorgen die Kulturpflanzen mit schnell wirksamen Nährstoffen. Durch ihre Inhaltsstoffe werden außerdem die Abwehrkräfte der Kulturpflanzen gestärkt .

Hoch aufgeschossene, geschwächte Pflanze bei Nährstoffüberschuß

Gesundes Wachstum bei ausgewogener Ernährung

Bodenverbessernde Maßnahmen sorgen für eine ausgewogene Ernährung der Pflanzen und leisten somit einen wichtigen Beitrag zum vorbeugenden Pflanzenschutz, → **Kapitel »Der Boden – Grundlage allen Lebens«, S. 114**

Flüssigdüngung

Biologischer Pflanzenschutz

Sonnenliebende Pflanzen entwickeln sich nur an sonnigen Standorten gesund, schattenliebende dagegen nur unter Bäumen und Sträuchern

Zucchinipflanze:
an sonnigem Standort gut (oben),
im Schatten schlecht entwickelt (unten)

Feuchtigkeit bevorzugende Pflanzen zeigen nur an feuchten Plätzen ein optimales Wachstum, Trockenheit liebende aber nur an sonnigen Südhängen

Ansprüche verschiedener Pflanzenarten an den Standort

Sonne:
Kopfsalat, Eissalat, Chicorée, Spinat, Erbsen, Zwiebeln, Knoblauch, Porree, Sellerie, Möhren, Schwarzwurzeln, Rettich, Radies, Weißkohl, Rotkohl, Wirsing, Brokkoli, Rosenkohl, Chinakohl, Kohlrabi, Gurken, Kürbis, Zucchini, Kartoffeln, Tomaten, Paprika, Fenchel, Zuckermais sowie die meisten Gewürzkräuter und Sommerblumen

Sonne bis Halbschatten:
Pflücksalat, Buschbohnen, Rote Bete, Blumenkohl, Grünkohl sowie Akelei

Schatten:
Farne und Waldkräuter

Standortwahl

Der Standort einer Pflanze im Garten hat ebenfalls einen wesentlichen Einfluß auf ihre Widerstandsfähigkeit gegen Krankheiten und Schädlinge.

Sonnenliebende Pflanzen wie beispielsweise die meisten Gemüsearten, viele Gewürzkräuter und Sommerblumen wachsen eher kümmerlich, wenn sie an einem schattigen Standort stehen. Ihre Blätter sind meist nicht voll entwickelt und bieten vielen Schädlingen leichte Angriffsflächen. Solche Pflanzen werden deshalb stärker befallen als andere, robustere, die einen sonnigen Standort abbekommen haben.

Auf der anderen Seite gibt es Pflanzenarten, die an schattige Standorte angepaßt sind, z. B. Farne, Waldkräuter und Akelei. Solche Schattenpflanzen würden an trockenen, sonnigen Plätzen nur schwach wachsen, krank werden oder sogar ganz eingehen. Bis zu einem bestimmten Maße können sich die Pflanzen zwar anpassen, aber am besten wachsen sie natürlich an dem für sie idealen Standort.

Die Beispiele zeigen, daß durch die Wahl des Standortes für jede bestimmte Pflanzenart eine weitere Möglichkeit besteht, die Kulturpflanzen vor dem Befall mit Krankheiten oder Schädlingen vorbeugend zu schützen. Grundsätzlich sollte man beim Pflanzen immer darauf achten, daß jede Pflanze im Garten möglichst den für sie günstigsten Standort erhält, d. h. es

Vorbeugende Pflanzenschutzmaßnahmen

muß stets berücksichtigt werden, ob die Pflanzenart Sonne oder Schatten, Trockenheit oder Feuchtigkeit liebt. Kranke und von Schädlingen befallene Pflanzen lassen sich vermeiden, wenn man bereits beim Kauf nur Pflanzen auswählt, deren Ansprüche im Garten auch erfüllt werden können.

Für den Garten nur Pflanzenarten besorgen, deren Bedürfnisse hier auch befriedigt werden können

Fruchtfolge und Mischkultur
Werden bestimmte Gemüsearten über mehrere Jahre immer auf derselben Fläche angebaut, neigen sie zu einem geschwächten Wachstum und damit zu einer erhöhten Anfälligkeit für Krankheiten und Schädlinge. Die Ursache ist Bodenmüdigkeit. Diese Erscheinung wird durch Ausscheidungen bestimmter Stoffe der Pflanzenwurzeln (Phytonzide) sowie durch einseitigen Nährstoffentzug hervorgerufen. Besonders empfindlich auf Bodenmüdigkeit reagieren Bohnen, Erbsen, Gurken, Zucchini, Möhren, Rettich, Rote Bete, Sellerie, Spinat und Mangold.

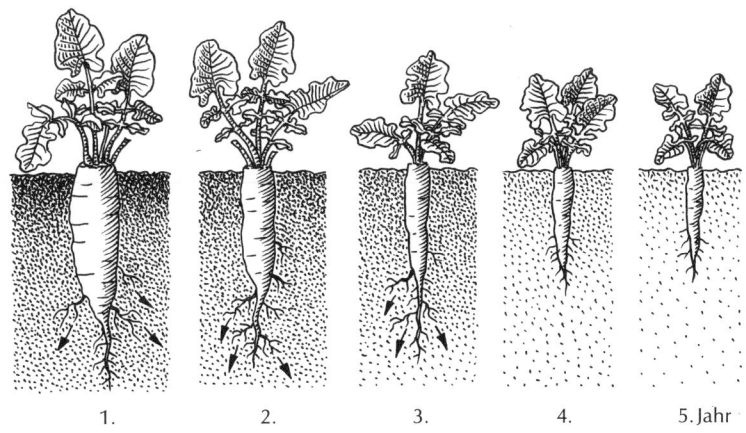

1.   2.   3.   4.   5. Jahr

Geschwächtes Wachstum beim mehrjährigen Anbau einer Pflanzenart auf der gleichen Fläche

Um der durch Bodenmüdigkeit auftretenden Schwächung des Pflanzenwachstums vorzubeugen, sollte man die Anbaufläche für jede Gemüseart jährlich wechseln. Solch ein Fruchtwechsel wird in einer **Fruchtfolge** umgesetzt. Mit klug aufgebauten Fruchtfolgeplänen läßt sich sogar eine Förderung der nacheinander angebauten Kulturpflanzen ermöglichen. Die Planung einer Fruchtfolge kann entweder am Nährstoffbedarf oder an den Hauptorganen der Pflanzen orientiert

Fruchtfolge ist der jährlich wechselnde Anbau verschiedener Pflanzenarten auf den zum Gemüsegarten zählenden Parzellen bzw. Beeten

149

Biologischer Pflanzenschutz

Bei einer Fruchtfolge über 3 Jahre werden nacheinander entweder Stark-, Mittel- und Schwachzehrer angebaut oder Blatt-, Frucht- und Wurzelgemüse

Frühestens nach 3 Jahren (also im 4. Jahr) dürfen Hauptfrüchte auf dasselbe Beet

Mischkultur ist der gleichzeitige Anbau mehrerer Pflanzenarten auf einem Beet

Beim Anbau in Mischkultur werden kombiniert:
- **schlank wachsende mit buschig-breit wachsenden Pflanzen**
- **Tiefwurzler mit Flachwurzlern**
- **Starkzehrer mit Schwachzehrern**

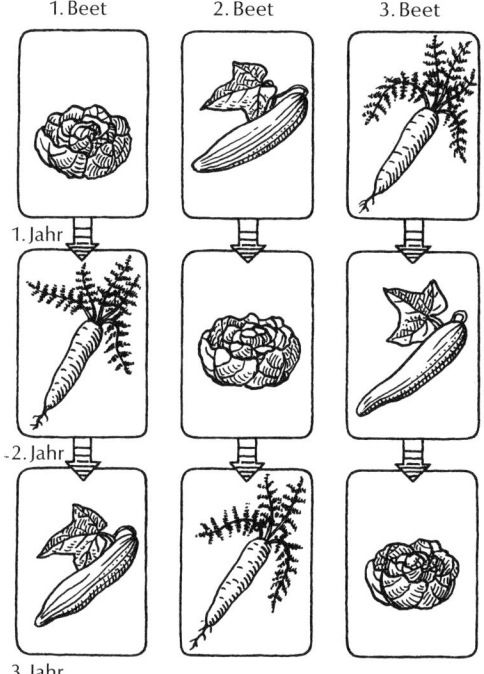

1. Beet 2. Beet 3. Beet

1. Jahr

2. Jahr

3. Jahr

Fruchtfolgeplan

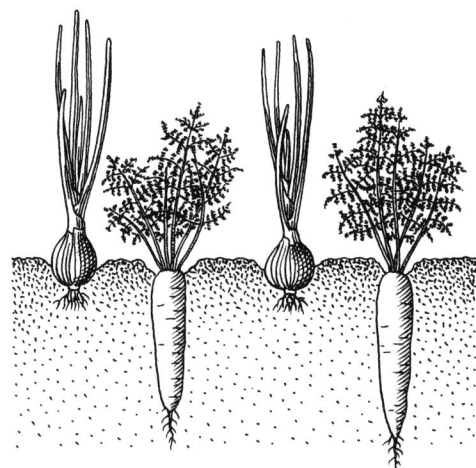

Günstige Kombination: Flachwurzler neben Tiefwurzlern

werden. Dementsprechend werden auf einem Beet in jährlichem Wechsel nacheinander entweder Stark-, Mittel- und Schwachzehrer angebaut oder Blatt-, Frucht- und Wurzelgemüse. Erst nach jeweils 3 Jahren, also im 4. Jahr, kehrt dieselbe Pflanzenart wieder auf dieselbe Fläche, ihr Ausgangsbeet, zurück. Die Wurzelausscheidungen, aber auch die oberirdischen Düfte vieler Gartenpflanzen hemmen oft nicht nur ihr eigenes Wachstum. Sie beeinflussen meist auch die Entwicklung anderer Pflanzenarten – sowohl fördernd als auch hemmend. Die fördernden Wirkungen macht man sich bei der Fruchtfolge nacheinander, also in zeitlicher Abfolge zunutze.

Genauso gut lassen sich die Duftwirkungen aber auch gleichzeitig nutzen, wenn verschiedene Gemüsearten in **Mischkultur** angebaut werden. Darunter versteht man den gemischten Anbau mehrerer Pflanzenarten auf einem Beet. Mischkultur ist eine naturgemäße Abwandlung der Fruchtfolge.
Wenn man verschiedene Pflanzenarten miteinander kombiniert, ist zu beachten, daß sich die Pflanzen weder oberirdisch, noch unter der Erde im Wachstum gegenseitig behindern dürfen; sie sollen sich vielmehr ergänzen. So werden z. B. schlank wachsende Pflanzen im Wechsel mit buschig-breit wachsenden auf ein Beet gepflanzt oder Tiefwurzler neben Flachwurzlern. Außerdem sollte man dem Nährstoffbedarf der verschiedenen Pflanzenar-

Vorbeugende Pflanzenschutzmaßnahmen

ten Beachtung schenken. Es ist z.B. sehr sinnvoll, Stark- mit Schwachzehrern zu kombinieren. Werden Gemüsearten mit einer unterschiedlichen Reifezeit zusammen auf ein Beet gepflanzt, läßt sich außerdem eine ganzjährige Beschattung des Bodens erreichen.

Das Hauptkriterium beim Anbau in Mischkultur ist jedoch, möglichst die Pflanzenarten miteinander zu kombinieren, die sich durch ihre Wurzelausscheidungen und ihre Düfte gegenseitig günstig beeinflussen. Dieser Einfluß bewirkt neben einer Wachstumsförderung der angebauten Pflanzenarten auch die Abwehr von Krankheiten und Schädlingen von diesen Kulturpflanzen. Der Anbau in Mischkultur ist also eine hervorragende Pflanzenschutzmaßnahme, um die Kulturpflanzen vorbeugend zu schützen. Damit der vorbeugende Pflanzenschutz in Mischkultur auch funktioniert, ist es wichtig, die Pflanzenkombinationen zu kennen, bei denen sich die verschiedenen Arten gegenseitig positiv beeinflussen. Denn nicht alle möglichen Kombinationen sind sinnvoll. Im Gegenteil; einige Pflanzenarten entwickeln sich sogar schlecht, wenn sie auf engem Raum mit anderen, z.B. verwandten Pflanzenarten (Beispiel: Erbsen und Bohnen) zusammenstehen. Schlechte Nachbarn sind auch Kohl und Zwiebeln, Bohnen und Zwiebeln oder Tomaten und Erbsen. Andere Pflanzenarten verhalten sich neutral zueinander. Ihr gemeinsamer Anbau auf einem Beet

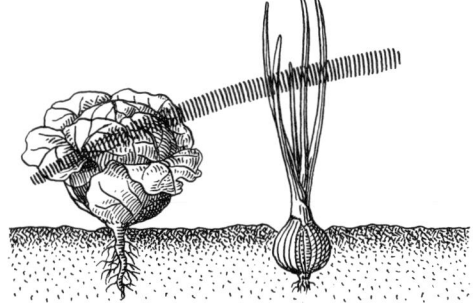

Pflanzenarten, die sich im Wachstum gegenseitig fördern und sich außerdem gegenseitig vor einem Befall mit Schädlingen bzw. Krankheiten schützen

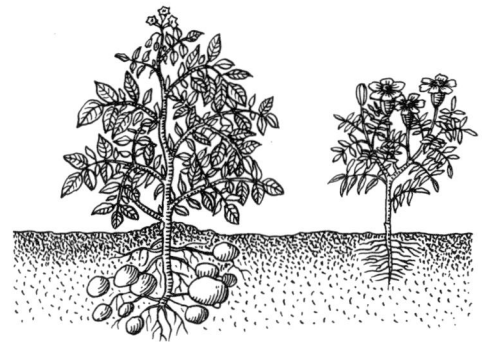

Einige Pflanzenarten, z. B. miteinander verwandte, sollten nicht in Mischkultur gepflanzt werden

Mischkultur: Schlechte Kombination Kohl und Zwiebeln (oben); gute Kombination Kartoffeln und Tagetes (unten)

Biologischer Pflanzenschutz

Einige Pflanzenarten fördern sich gegenseitig, vorausgesetzt, sie werden in Mischkultur angebaut

Mischkultur: Positive und negative Nachbarschaften im Gemüsebeet
(nach NIEMEYER-LÜLLWITZ, 1989)

+ = günstig
– = ungünstig
☐ = neutral

	Bohnen	Bohnenkraut	Dill	Endivien	Erbsen	Erdbeeren	Gurken	Kapuzinerkresse	Kartoffeln	Knoblauch	Kohlarten	Kohlrabi	Kopfsalat	Lauch	Möhren	Pfefferminze	Pflücksalat	Radies, Rettich	Rote Rüben	Sellerie	Spinat	Tomaten	Zucchini	Zwiebeln
Bohnen	●	+	+		–	+	+		+	–	+	+	+	–			+	+				+		–
Bohnenkraut	+	●									+						+	+						
Dill	+		●	+		+					+	+		+	+		+	+						+
Endivien				●							+			+					+					
Erbsen	–		+		●		+		–	–	+	+	+	–	+			+				–	+	
Erdbeeren	+					●				+	–	+	+					+		+				+
Gurken	+		+		+		●		–	+	+	+	+		–		+	+				–		
Kapuzinerkresse								●	+								+					+	+	
Kartoffeln	+				–		–	+	●	+	+				+			+	–	–	+	–		–
Knoblauch	–			–	+	+		+		●	–				+			+		+		+		+
Kohlarten	+		+	+	+		–	+		–	●	–		+	–			+	+	+	+	+		–
Kohlrabi	+			+	+		+					●	+	–			+	+	+	+				+
Kopfsalat	+	+	+		+	+	+				+	+	●	–	+	+		+	+	–				+
Lauch	–			+	–	+	+				–	–	–	●	+			–	+	+		+		+
Möhren			+			+					+		+	+	●	+	+	+				+		+
Pfefferminze								+	+		+					●						+		
Pflücksalat	+	+	+				+								+		●	+	+					+
Radies, Rettich	+			+	+	–	+				+	+			+		+	●			+	+		–
Rote Rüben	+	+	+				+			–	+	+	+	–				+	●			+		+
Sellerie	+						+			–	+	+	–	+						●		+		
Spinat					+						+	+						+			●	+		
Tomaten	+				–		–	+	+	+	+	+	+	+	+			+	+			●	+	+
Zucchini			+				+																●	+
Zwiebeln	–		+		–	+	+			+	–	+	+	+	+		–					+	+	●

wirkt weder fördernd noch hemmend auf das Wachstum.

Beispiele von Kombinationen mit günstigen gegenseitigen Wirkungen sind:

– Bohnen und Bohnenkraut: durch den starken Duft des Bohnenkrautes werden die Schwarzen Läuse von den Bohnen ferngehalten.

– Erdbeeren und Zwiebeln bzw. Knoblauch: durch den starken Geruch von Knoblauch werden die Erdbeeren vorbeugend gegen Pilzerkrankungen geschützt.

– Kohl und Tomaten bzw. Sellerie: der starke Geruch der Tomatenblätter und des Selleries lenkt Kohlweißlinge von den Kohlpflanzen ab. Außerdem verhütet Kohl Sellerierost.

– Möhren und Zwiebeln: die Möhren werden vor der Möhrenfliege, die Zwiebeln vor der Zwiebelfliege geschützt.

– Salat bzw. Spinat und Rettich bzw. Radies: der Geruch von Salat bzw. Spinat vertreibt den Erdfloh von Rettich und Radies.

– Kapuzinerkresse und Kirschbäume: der Obstbaum wird vor Schwarzen Läusen geschützt, da sich die Kapuzinerkresse regelrecht aufopfert und von den Läusen befallen wird.

– Tagetes und Erdbeeren bzw. Kartoffeln: die Wurzelausscheidungen von Tagetes dezimieren den Fadenwürmerbefall (Nematoden) des Bodens.

Vorbeugende Pflanzenschutzmaßnahmen

Stärkung des ökologischen Gleichgewichtes

Die Tiere, die im Garten die Kulturpflanzen befallen und dabei schädigen, werden gemeinhin als Schädlinge bezeichnet. Die Natur hat aber dafür gesorgt, daß jeder Schädling seinen natürlichen Feind hat, den sogenannten Nützling. Solange in einem Garten Nützlinge vorkommen, haben die Schädlinge keine Chance, sich ungehindert zu vermehren. Vielmehr stellt sich zwischen Schädling und Nützling ein ökologisches Gleichgewicht ein, bei dem der Nützling den Schädling jedoch niemals ganz ausrottet. Dennoch bietet dieses Gleichgewicht den besten Schutz gegen eine übermäßige Schädlingsvermehrung.

Eine sehr wichtige vorbeugende Pflanzenschutzmaßnahme im Garten ist es deshalb, ein ökologisches Gleichgewicht herzustellen und dieses zu erhalten. Zu den wesentlichen Voraussetzungen gehört es deshalb, den Nützlingen im Garten ausreichende Lebensbedingungen anzubieten, d. h. man muß für sie Lebensräume schaffen. Durch das Anlegen eines Teiches beispielsweise finden nicht nur Frösche und Kröten gute Lebensbedingungen vor, sondern auch zahlreiche nützliche Insekten. Weitere Lebensräume für viele Nützlinge im Garten entstehen durch die Pflanzung einer Hecke, den Bau einer Trockenmauer oder die Anlage eines Reisighaufens.

Ein ökologisches Gleichgewicht zwischen Nützlingen und Schädlingen ist der beste Schutz vor Massenbefall

Nützling (Marienkäfer) und Schädlinge (Blattläuse) auf einem Blatt

Durch die Schaffung von Lebensräumen für möglichst viele Nützlinge läßt sich im Garten ein ökologisches Gleichgewicht herstellen

Lebensraum für viele Nützlinge: die Trockenmauer

Biologischer Pflanzenschutz

Welche Lebensgewohnheiten Nützlinge haben und wie sie gerne im Garten wohnen, läßt sich in den Kapiteln über Kleinsäuger, Vögel, Amphibien und Reptilien, Insekten und Spinnen nachlesen

Nisthilfen und Unterschlupfmöglichkeiten für viele Nützlinge

Barrieren schützen die Kulturpflanzen vor übermäßigem Schneckenfraß

Wirksamer Schutz vor Schnecken – der Schneckenzaun

Gezielte Förderung von Nützlingen

Nützlinge können darüber hinaus im Garten auch gezielt gefördert werden, indem man ihnen direkt Nisthilfen oder Unterschlupfmöglichkeiten anbietet. Zu diesen Maßnahmen gehört das Aufhängen von Nistkästen, in denen diverse Vogelarten Brutmöglichkeiten finden. Aber auch Unterschlupfmöglichkeiten für nützliche Insekten versprechen Erfolg. Ein Beispiel hierfür ist das Aufhängen von mit Holzwolle gefüllten Tontöpfen, in die sich die blattlausvertilgenden Ohrwürmer gern zurückziehen. Die Einrichtung von Nisthilfen, z. B. durch Aufhängen von Strohbündeln oder Aufstellen von angebohrten Holzblöcken, lockt Solitärwespen und -bienen an, die ihre Brut mit verschiedenen Schadinsekten füttern. Viele Nützlinge, die auf bestimmte Wildpflanzen angewiesen sind, können gefördert werden, wenn man im Garten eine »wilde Ecke« anlegt, d. h. an einer Stelle im Garten, wo es nicht stört, Wildpflanzen duldet.

Mechanische und biotechnische Maßnahmen

Neben den allgemeinen abschreckenden Maßnahmen gegen Schädlinge gibt es auch Möglichkeiten, bestimmte Schädlinge gezielt von den Kulturpflanzen fernzuhalten. Einige dieser Maßnahmen sind vorbeugend, andere dienen aber schon dem gezielten Pflanzenschutz. So lassen sich Gemüsepflanzen wirkungsvoll vor **Schnecken** schützen, wenn man den gefräßigen

154

Vorbeugende Pflanzenschutzmaßnahmen

Weg setzt, z. B. durch sogenannte Schneckenzäune, mit denen man besonders gefährdete Beete einfaßt. Auch Schutzstreifen aus Sägemehl, scharfem Sand oder anderen Materialien, die um die Gemüsepflanzen ausgestreut werden, halten Schnecken fern.

Vögel reagieren auf akustische und optische Reize und lassen sich deshalb durch Vogelscheuchen, im Wind flatternde Stanniolstreifen oder Plastikbänder abschrecken. Aber sie gewöhnen sich ziemlich schnell daran und fallen nach kurzer Zeit doch über die schmackhaften Früchte des Gartens her. Netze, mit denen ganze Obstgehölze eingehüllt werden, schützen da schon erfolgreicher vor den immer hungrigen Vögeln.

Der beste Schutz vor diebischen Vögeln sind Netze

Leimringe bilden einen ausgezeichneten Schutz vor **Insekten**, die zur Eiablage an Baumstämmen hochkriechen, z. B. vor dem Frostspanner, dessen Raupen an jungen Blättern, Blüten und kleinen Früchten von Obstbäumen. Der Schutz wird aber nur wirksam, wenn die Leimringe rechtzeitig im Herbst am Stamm fest anliegend angebracht werden.

Im wahrsten Sinne des Wortes gehen **Kirschfruchtfliegen**, weiße Fliegen und Minierfliegen auf den Leim, wenn im Garten die im Handel erhältlichen Gelbtafeln aufgehängt sind. Die Insekten werden durch die gelbe Farbe ge-

Leimring

Nur fest am Baumstamm anliegend bieten Leimringe Schutz vor dem Frostspanner

Mit klebrigen gelben Tafeln werden viele Schadinsekten gefangen

Biologischer Pflanzenschutz

Gelbtafel

**Nur bei Massen-
vermehrungen von
Schädlingen oder
explosionsartigem
Ausbruch einer Krank-
heit werden biolo-
gische Pflanzenschutz-
mittel eingesetzt**

zielt angelockt und bleiben an den mit Leim beschichteten Tafeln kleben.

Gezielte Pflanzenschutzmaßnahmen

Bei allen vorbeugenden Pflanzenschutzmaßnahmen kann es dennoch in manchen Jahren, insbesondere in den ersten Jahren nach der Umstellung auf biologisches Gärtnern, zu Massenvermehrungen von Schädlingen oder zum Ausbruch von Krankheiten kommen.

Ebenso können extreme Witterungsbedingungen bestimmte Krankheitserreger begünstigen und damit den Befall der Kulturpflanzen fördern. Für diesen Fall hält der biologische Pflanzenschutz eine Reihe von Pflanzenschutzmitteln bereit, mit denen die Schäden begrenzt werden können. Ziel bei der Anwendung dieser Mittel sollte aber nie die Tötung der Schädlinge, sondern immer nur deren Abwehr sein. Ein Großteil der biologischen Pflanzenschutzmittel läßt sich aus Wildkräutern und Heilpflanzen selbst herstellen. Diese Mittel sind nicht nur preiswert, sondern außerdem auch noch wirkungsvoll. Die abwehrende Wirkung beruht auf den Inhaltsstoffen dieser Pflanzen.

Zur Herstellung einer Spritzbrühe werden die Kräuter gesammelt und entweder frisch oder getrocknet verarbeitet. Bei der Verarbeitung müssen die Inhaltsstoffe aus den Kräutern gelöst werden. Zu diesem Zweck werden

Die wichtigsten Kräuter für die Aufbereitung von Spritzbrühen

Kraut	Wichtige Inhaltsstoffe	Anwendungszweck
Ackerschachtelhalm *Equisetum arvense*	Kieselsäure, Spurenelemente	Stärkung der Pflanzen bei Pilzerkrankungen
Beinwell *Symphytum officinalis*	Stickstoff, Kalium, Gerbstoffe	Stickstoff- und Kaliumdüngung
Große Brennessel *Urtica dioica*	Stickstoff, Ameisensäure, Eisen	Kräftigung des Pflanzengewebes und Abwehr von Schaderregern
Farnkraut *Dryopteris filix mas*	Filixwirkstoffe, ätherische Öle	Abwehr von Blatt-, Schild-, Schmier- und Blutläusen
Kamille *Matricaria chamomilla*	ätherische Öle, Linolsäure	Pflanzenstärkung und Vorbeugung von Wurzelkrankheiten
Knoblauch *Allium sativum*	Schwefel, Vitamine	vorbeugend und bei Befall gegen Pilzkrankheiten und Möhrenfliege
Rainfarn *Tanacetum vulgare*	ätherische Öle, Gerb- und Bitterstoffe	bei Befall gegen Schaderreger aller Art
Rhabarber *Rheum rhabarbarum)*	Glykoside, Oxalsäuren	bei Befall gegen Schwarze Läuse, Lauchmotte, Raupen
Wermut *Artemisia absinthium*	ätherische Öle, Bitterstoffe	bei Befall gegen Blattläuse, Säulchenrost, Brombeermilbe

Gezielte Pflanzenschutzmaßnahmen

Pflanzenauszüge hergestellt. Die gängigsten Verfahren hierzu sind die Aufbereitung als Brühe, Tee, kalter Auszug und Jauche.

Die fertigen Spritzbrühen müssen, bevor man sie über die Kulturpflanzen verteilen kann, meist noch mit Wasser verdünnt werden.

Neben den selbst herstellbaren Spritzbrühen bietet auch der Handel biologische Pflanzenschutzmittel an. Dies sind Präparate, die sich aus pflanzlichen Bestandteilen zusammensetzen, aber auch Präparate aus mineralischen und anderen natürlichen Grundstoffen wie Lehm, Milch, Seife, Wasserglas (Natrium- oder Kaliumsilikat), Schwefel, Kupfer usw. Da vor allem die aus den letztgenannten Stoffen bestehenden Pflanzenschutzmittel tödlich wirken — auch auf Nützlinge — sollten sie nur in äußersten Notfällen angewendet werden, d. h. wenn alle anderen Mittel nicht mehr helfen.

Gebräuchlich ist die Aufbereitung als Brühe, Tee, kalter Auszug oder Jauche

Auch der Handel vertreibt eine ganze Palette biologischer Pflanzenschutzmittel

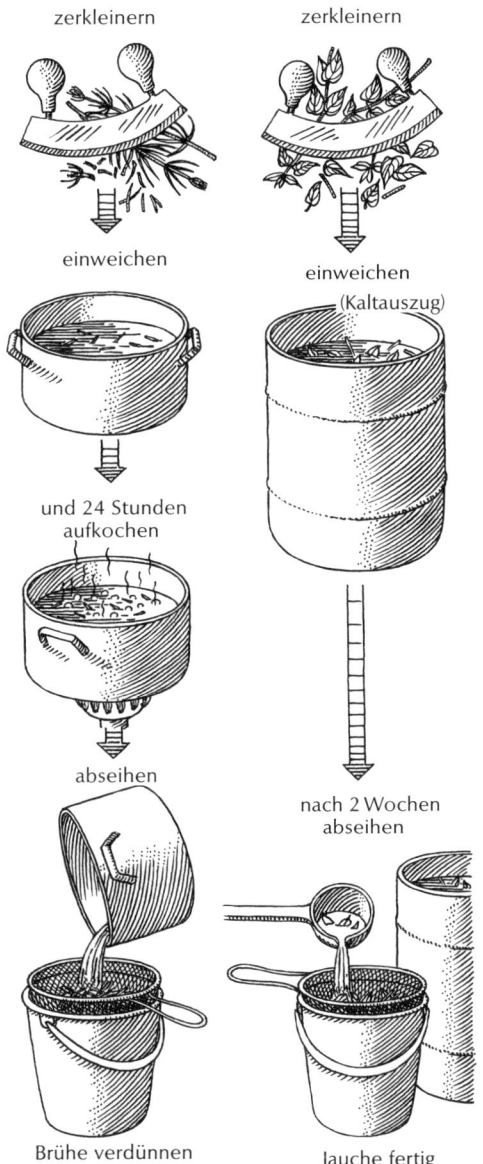

zerkleinern

zerkleinern

einweichen

einweichen (Kaltauszug)

und 24 Stunden aufkochen

abseihen

nach 2 Wochen abseihen

Brühe verdünnen

Jauche fertig

Aufbereitung einer Spritzbrühe als Brühe (links) und Jauche (rechts)

Literaturverzeichnis
Bildnachweis

BERLING, R.: Nützlinge und Schädlinge im Garten. Erkennen und richtig handeln. BLV-Verlagsgesellschaft mbH, München 1989.

CHINERY, M.: Naturschutz beginnt im Garten. Das Buch zum BUND-Gartenjahr. Otto Maier Verlag, Ravensburg 1986.

COSTA, W.: Pflanzen und Tiere für den Gartenteich. Falken-Verlag GmbH, Niedernhausen/Ts. 1991.

FORTMANN, M.: Das große Kosmosbuch der Nützlinge. Neue Wege der biologischen Schädlingsbekämpfung. Franckh-Kosmos Verlags-GmbH & Co., Stuttgart 1993.

FRITZSCHE, H.: Tiere im Garten. Anlocken, ansiedeln, halten. Franck'sche Verlagsbuchhandlung, Stuttgart 1983.

GROENEFELD, G.: Wie mache ich meinen Garten wild oder gestaltete Natur? Otto Maier Verlag, Ravensburg 1984.

JONES, D.: Kosmos Naturführer. Der Kosmos-Spinnenführer. Mitteleuropäische Spinnen und Weberknechte. 3. Aufl., Franckh-Kosmos Verlag, Stuttgart 1987.

JONSSON, L.: Kosmos Naturführer. Die Vögel Europas und des Mittelmeerraumes. Franckh-Kosmos, Stuttgart 1992.

KREUTER, M.-L.: Pflanzenschutz im Bio-Garten. BLV-Verlagsgesellschaft mbH, München Wien Zürich 1990.

KÜHLMANN, D.; KILIAS, R.; MORITZ, M.; RAUSCHERT, M.: Wirbellose Tiere Europas außer Insekten. Neumann Verlag GmbH, Radebeul 1993.

LOHMANN, M.: Öko-Gärten als Lebensraum. Grundlagen und praktische Anleitungen für einen Naturgarten. BLV-Verlagsgesellschaft mbH, München 1983.

LOHMANN, M.: Das Naturgartenbuch. Grundlagen und praktische Anleitungen. BLV-Verlagsgesellschaft mbH, München 1988.

NIEMEYER-LÜLLWITZ, A.: Arbeitsbuch Naturgarten. Ravensburger Buchverlag Otto Maier GmbH, Ravensburg 1989.

SCHMIDT, K. P.; INGER, R.: Knaurs Tierreich in Farben. Reptilien. Droemerische Verlagsanstalt Th. Knaur Nachf., München Zürich 1969.

SEITZ, P.: Das Kompostbuch für jedermann. Gesunde Pflanzen durch Kompostieren, Mulchen und Gründüngen. Franckh-Verlag, Stuttgart 1989.

STEINER, H.: Nützlinge im Garten. Eugen Ulmer Verlag GmbH & Co., Stuttgart 1985.

Literaturverzeichnis

Mechthild Bläute, Berlin, S. 17

Hans-Joachim Flügel, Berlin, S. 72, 89

Frank Hecker, Kiel, S. 54

Stefan Natterer, Schorndorf, S. 53

Hans Reinhard, Heiligkreuzsteinach, S. 18, 35, 36, 71, 90, 107, 108, 125, 126, 143, 144, Einband

Bildnachweis

Register

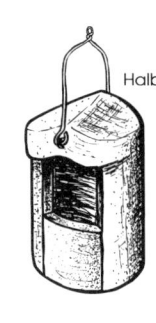

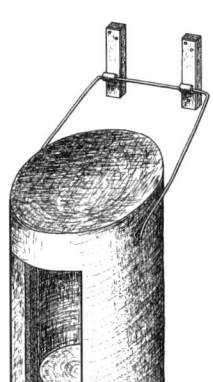